长城汉语

生存交际
Essentials in Communication

1

第 2 版
Second Edition

主编　马箭飞　宋继华

GREAT WALL
CHINESE

练习册

Workbook

外语教学与研究出版社
FOREIGN LANGUAGE TEACHING AND RESEARCH PRESS
北京 BEIJING

图书在版编目（CIP）数据

长城汉语生存交际1练习册：第2版／马箭飞，宋继华主编． -- 北京：外语教学与研究出版社，2021.8（2025.9重印）
ISBN 978-7-5213-2854-7

Ⅰ．①长… Ⅱ．①马… ②宋… Ⅲ．①汉语－对外汉语教学－习题集 Ⅳ．①H195.4

中国版本图书馆 CIP 数据核字（2021）第 154915 号

出 版 人 王　芳
项目负责 刘雪梅
责任编辑 刘雪梅
责任校对 杨　益
装帧设计 水长流文化
出版发行 外语教学与研究出版社
社　　址 北京市西三环北路 19 号（100089）
网　　址 https://www.fltrp.com
印　　刷 北京盛通印刷股份有限公司
开　　本 889×1194　1/16
印　　张 6.5
版　　次 2021 年 9 月第 1 版 2025 年 9 月第 5 次印刷
书　　号 ISBN 978-7-5213-2854-7
定　　价 45.00 元

如有图书采购需求，图书内容或印刷装订等问题，侵权、盗版书籍等线索，请拨打以下电话或关注官方服务号：
客服电话：400 898 7008
官方服务号：微信搜索并关注公众号"外研社官方服务号"
外研社购书网址：https://fltrp.tmall.com

物料号：328540001

记载人类文明
沟通世界文化
www.fltrp.com

编委会

主编

马箭飞　宋继华

副主编

毛　悦　高　新

编者

谭春健　梁彦民　刘长征
赵雪梅　王　枫　陈若君
张媛媛　王　轩　张一萍

练习编写

负责人　陈　军

赵秀娟　梁　菲　李先银
杨慧真　魏耕耘　李　泓

翻译

王培伦　高明乐　张　旭

故事、情景

张作民　卢岚岚

教学实验

负责人　迟兰英

毛　悦　赵秀娟　陈　军
魏耕耘　杨慧真　李　泓
袁金春

文字审核

周婉梅　向凤菲　刘雪梅
杨　益　崔　超　杨　飘
向晓云　谭紫格　张俊睿
张立萍

测试研发

负责人　谢小庆

彭恒利　鲁新民　姜德梧
任　杰　张晋军　李　慧
李桂梅

技术开发、技术支持

负责人　宋继华　许建红

北京长城汉语中心
北京汉雅天诚教育科技有限公司

前言 PREFACE

　　"长城汉语"是原孔子学院总部/国家汉办规划、组织、研发、运营的重点项目，是基于网络多媒体技术开发、契合移动互联网与人工智能时代发展需要的国际中文教育资源与工具体系，是技术支持环境下的新型国际中文教学模式与服务平台。

　　"长城汉语"以培养学习者的汉语交际能力为主要目标，运用网络多媒体课件、面授、学生用书/练习册、移动APP等多元资源与学习方式，采用即时跟踪学习进度和测试学习效果的管理模式，依托丰富的教学资源，向学习者提供个性化的学习方案，以满足海内外汉语学习者任何时间、任何地点、任何水平的泛在学习需求。

　　《长城汉语》练习册是"长城汉语"的重要组成部分，与"生存交际""拓展交际""自由交际"三个阶段的各册学生用书配套。其具体内容对应学生用书中各单元的任务目标、语音、词语、语法点、交际要点以及汉字，本着由易到难、循序渐进的原则，练习册的每个单元均设计了词汇、语法、交际、语音和汉字练习。练习的设计目标明确，形式灵活多样，突出了语言的交际性和实用性，练习的内容突出了语言的基础知识和基本技能。为充分体现练习册的辅助作用，练习中尽量不出现生词，以使学习者能够集中精力进行"长城汉语"主体内容的学习，复习和巩固所学的语言知识，掌握学习内容。

　　《长城汉语》教材以来自不同国家的留学生与他们的中国朋友等十几个人物的活动贯穿始终，人物个性鲜明，情节生动有趣且充满生活气息。《长城汉语》练习册中沿用了课文故事中的人物和话题，增加了部分看图练习。同时为了更广泛地适应国际中文教育新发展需要，项目组在"长城汉语"学习平台上，补充了数以万计的同步练习题、单元自测试卷及阶段水平考试卷，可供教师、学生依据学习进度自由选择，以有效地支持教师的教学和学生的学习。

编者

2021年7月

目录 CONTENTS

目录 CONTENTS

Nǐ hǎo, wǒ shì Màikè.

你 好，我 是 麦 克。

Hello, I'm Mike.

I. Pronunciation

- Initials: n, h
- Finals: a, o, e, i
- Tones: ˉ , ´ , ˇ , ˋ

1 Read the following *pinyin* aloud and pay attention to their different pronunciations.

❶ nǐ —— lǐ	❷ nà —— là
❸ lǎo —— nǎo	❹ náo —— ráo
❺ hā —— fā	❻ hóng —— féng
❼ wǒ —— wǎ	❽ bā —— bō
❾ tā —— tè	❿ zhào —— shào
⓫ hé —— hǎo	⓬ wáng —— yáng

2 Read the following *pinyin* aloud and pay attention to their different tones.

❶ nī	ní	nǐ	nì
❷ hāo	háo	hǎo	hào
❸ tā	nín	wǒ	shì
❹ fāng	wáng	lǎo	lì

3 Read the following words aloud.

我们	他们	老师	你好
wǒmen	tāmen	lǎoshī	nǐ hǎo

II. Words and Expressions

1 Match the correct pronouns with their corresponding pictures.

● 1

● A 我
  wǒ

● 2

● B 你们
  nǐmen

● 3

● C 他
  tā

● 4

● D 她
  tā

● 5

● E 你
  nǐ

2 Circle the odd word out in each group.

① 你   我   她   你们
  nǐ   wǒ   tā   nǐmen

② 你   是   我   他
  nǐ   shì   wǒ   tā

③ 谁   她   他   我
  shéi   tā   tā   wǒ

④ 麦克   王 杨   老师   玛丽
  Màikè   Wáng Yáng lǎoshī   Mǎlì

⑤ 我   你   她   金 太成
  wǒ   nǐ   tā   Jīn Tàichéng

3 Fill in the blanks with the correct words.

是   好   谁   你们   老师
shì   hǎo   shéi   nǐmen   lǎoshī

① A 她是_____?
    Tā shì

  B 她是我妈妈。
    Tā shì wǒ māma.

② 你_____！我是玛丽。
  Nǐ   Wǒ shì Mǎlì.

③ 他是李_____。
  Tā shì Lǐ

④ 我_____金 太成。
  Wǒ   Jīn Tàichéng.

⑤ _____好！我是麦克。
              hǎo! Wǒ shì Màikè.

III. Grammar

1 Fill in the blanks with the correct words.

❶ _____ 好！我是玛丽。（她　你）
hǎo! Wǒ shì Mǎlì.　tā　nǐ

❷ _____ 是麦克。（她　他）
shì Màikè.　tā　tā

❸ 老师，_____ 好！（您　他）
Lǎoshī　hǎo!　nín　tā

❹ 他是 _____ ？（好　谁）
Tā shì　hǎo　shéi

❺ 你们好！我 _____ 玛丽。（是　好）
Nǐmen hǎo! Wǒ　Mǎlì.　shì　hǎo

2 Complete the following dialogues.

❶ A 你是 _____ ？
Nǐ shì

B 我是麦克。
Wǒ shì Màikè.

❷ A _____ 是谁？
shì shéi?

B 他是金 太成。
Tā shì Jīn Tàichéng.

❸ A 你们好！我 _____ 李 冬生。
Nǐmen hǎo! Wǒ　Lǐ Dōngshēng.

B 您好！
Nín hǎo!

❹ A 我 _____ 赵 玉兰，_____ 是刘 少华。
Wǒ　Zhào Yùlán,　shì Liú Shàohuá.

B 你们好！
Nǐmen hǎo!

❺ A _____ ？

B 她是 张 圆圆。
Tā shì Zhāng Yuányuan.

IV. Communication Skills

1 **Match the sentences in the two columns to make conversations.**

1 你们好！我是李冬生。
Nǐmen hǎo! Wǒ shì Lǐ Dōngshēng.

2 他是谁？
Tā shì shéi?

3 你好！玛丽。
Nǐ hǎo! Mǎlì.

4 她是谁？
Tā shì shéi?

5 你是谁？
Nǐ shì shéi?

A 她是王杨。
Tā shì Wáng Yáng.

B 您好！老师。
Nín hǎo! Lǎoshī.

C 我是张圆圆。
Wǒ shì Zhāng Yuányuan.

D 你好！菲雅。
Nǐ hǎo! Fēiyǎ.

E 他是金太成。
Tā shì Jīn Tàichéng.

2 **Complete the following dialogues.**

1 A 您好！我是_____。
Nín hǎo! Wǒ shì

B _____！我是李冬生。
Wǒ shì Lǐ Dōngshēng.

A _____？

B 他是金太成。
Tā shì Jīn Tàichéng.

A 她是谁？
Tā shì shéi?

B _____是王杨。
shì Wáng Yáng.

2 A 你好！我是_____。
Nǐ hǎo! Wǒ shì

B 你好！我是_____。
Nǐ hǎo! Wǒ shì

A 他是_____？
Tā shì

B _____ 。

C （To A and B） _____ 好！
hǎo!

 # V. Chinese Characters

Basic strokes of Chinese characters (1)

Stroke	Name of the stroke	Way of writing the stroke	Examples
一	(héng) horizontal stroke	from left to right ➔	一 二 三
丨	(shù) vertical stroke	from top to bottom ↓	十 干 丰

Characteristics of the shape of Chinese characters

Chinese characters are square-shaped. No matter how many strokes one character has, it should be written in a square space. For example,

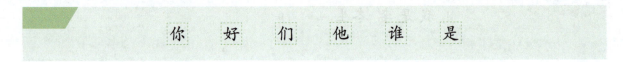

你　好　们　他　谁　是

The composition of Chinese characters

Chinese characters are composed of some basic components, to which you have to pay attention when you learn to read and write them. It will be helpful to improve your learning efficiency.

好 —— 女 + 子

她 —— 女 + 也

1 Practice writing the strokes.

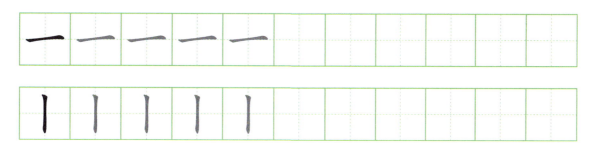

2 Fill in the blanks with the radicals of each Chinese character.

mǎ

玛　＿＿＿＿＋＿＿＿＿（左右）

kè

克　＿＿＿＿＋＿＿＿＿（上下）

lǐ

李　＿＿＿＿＋＿＿＿＿（上下）

3 Practice writing the Chinese characters.

nǐ　ノ　亻　亻　你　你　你　你

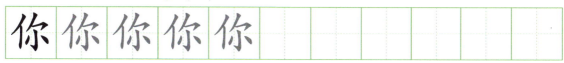

hǎo　く　乚　女　女　奵　好

wǒ 、 二 干 手 我 我 我

我 我 我 我 我

shì 丶 ⼝ ⼝ ⽇ ⽇ 早 旱 昇 是

是 是 是 是 是

tā ⼃ ⼥ ⼥ 妁 妁 她 她

她 她 她 她 她

tā ノ 亻 亻 仲 他

他 他 他 他 他

UNIT 2

Wǒ xìng Jīn, jiào Jīn Tàichéng.

我姓金，叫金太成。

My surname is Kim; full name is Kim Taesung.

 I. Pronunciation

- Initials: b, p, m
- Finals: ai, ao, ei, en
- Tones: ¯, ´, ˇ, `

1 Read the following *pinyin* aloud and pay attention to their different pronunciations.

❶	míng	—	níng		❷	mài	—	nài
❸	duì	—	tuì		❹	dài	—	tài
❺	hěn	—	fěn		❻	lái	—	nǎi
❼	yī	—	yē		❽	bào	—	pào
❾	lái	—	léi		❿	mǎi	—	měi
⓫	hēi	—	hěn		⓬	mèi	—	mèn

2 Read the following *pinyin* aloud and pay attention to their different tones.

❶	yē	yé	yě	yè
❷	tā	méi	mǎi	mài
❸	mā	yáng	qǐng	wèn
❹	shénme	míngzi	xuéshēng	rènshi

3 Read the following words aloud.

什么	名字	对不起	没关系	学生
shénme	míngzi	duìbuqǐ	méi guānxi	xuéshēng

9

请问	贵姓	认识	高兴	介绍
qǐngwèn	guìxìng	rènshi	gāoxìng	jièshào

 II. Words and Expressions

1 Circle the odd word out in each group.

❶ 介绍   问   什么   认识
jièshào   wèn   shénme   rènshi

❷ 也   请   来   是
yě   qǐng   lái   shì

❸ 名字   学生   老师   介绍
míngzi   xuéshēng   lǎoshī   jièshào

❹ 叫   很   问   姓
jiào   hěn   wèn   xìng

❺ 你们   你   我   他
nǐmen   nǐ   wǒ   tā

2 Fill in the blanks with the correct words.

认识	也	很	来	贵姓
rènshi	yě	hěn	lái	guìxìng

❶ 请问，您 _____？
Qǐngwèn, nín

❷ 他 _____ 是老师。
Tā _____ shì lǎoshī.

❸ 他 _____ 山口 和子。
Tā _____ Shānkǒu Hézǐ.

❹ 请 你 _____ 介绍一下。
Qǐng nǐ _____ jièshào yíxià.

❺ 张 芳芳 _____ 高兴。
Zhāng Fāngfāng _____ gāoxìng.

叫　　高兴　　什么　　介绍　　学生
jiào　gāoxìng　shénme　jièshào　xuéshēng

❻ 我 来 ＿＿＿＿＿ 一下，我 姓 王，我 叫 王 杨。
Wǒ lái　　　　　yíxià,　wǒ xìng Wáng, wǒ jiào Wáng Yáng.

❼ 你 ＿＿＿＿＿ 张 圆圆 吗？
Nǐ　　　　　Zhāng Yuányuan ma?

❽ 请问，你 姓 ＿＿＿＿＿？
Qǐngwèn, nǐ xìng

❾ 认识 您 我 也 很 ＿＿＿＿＿。
Rènshi nín wǒ yě hěn

❿ 张 芳芳 是 ＿＿＿＿＿ 吗？
Zhāng Fāngfāng shì　　　　　ma?

💡 III. Grammar

1 Determine if the following sentences are correct or not and then correct the wrong one(s).

❶ 请问，您 贵姓 什么？　　　　　　　　　　　　　　　(　)
Qǐngwèn, nín guìxìng shénme?

＿＿＿＿＿＿＿＿＿＿＿＿＿＿＿＿＿＿＿＿＿＿＿＿＿＿＿＿＿＿＿＿＿＿＿＿

❷ 你 叫 什么 名字 吗？　　　　　　　　　　　　　　　　(　)
Nǐ jiào shénme míngzi ma?

＿＿＿＿＿＿＿＿＿＿＿＿＿＿＿＿＿＿＿＿＿＿＿＿＿＿＿＿＿＿＿＿＿＿＿＿

❸ 她 也 认识 李 老师，我 认识 李 老师。　　　　　　　　(　)
Tā yě rènshi Lǐ lǎoshī, wǒ rènshi Lǐ lǎoshī.

＿＿＿＿＿＿＿＿＿＿＿＿＿＿＿＿＿＿＿＿＿＿＿＿＿＿＿＿＿＿＿＿＿＿＿＿

❹ 玛丽 是 也 学生。　　　　　　　　　　　　　　　　　(　)
Mǎlì shì yě xuéshēng.

＿＿＿＿＿＿＿＿＿＿＿＿＿＿＿＿＿＿＿＿＿＿＿＿＿＿＿＿＿＿＿＿＿＿＿＿

❺ 他 是 老师 什么？　　　　　　　　　　　　　　　　　(　)
Tā shì lǎoshī shénme?

＿＿＿＿＿＿＿＿＿＿＿＿＿＿＿＿＿＿＿＿＿＿＿＿＿＿＿＿＿＿＿＿＿＿＿＿

2 **Complete the following dialogues.**

❶ A 你是 _____?
　　Nǐ shì

　 B 是，我是老师。
　　Shì, wǒ shì lǎoshī.

❷ A 你 _____?
　　Nǐ

　 B 我姓李。
　　Wǒ xìng Lǐ.

❸ A 她 _____?
　　Tā

　 B 她叫 山口 和子。
　　Tā jiào Shānkǒu Hézǐ.

❹ A 认识你很高兴。
　　Rènshi nǐ hěn gāoxìng.

　 B 认识你 _____。
　　Rènshi nǐ

❺ A 我姓 张。
　　Wǒ xìng Zhāng.

　 B 我也 _____。
　　Wǒ yě

IV. Communication Skills

1 **Choose the correct responses.**

❶ A 您 贵姓?
　　Nín guìxìng?

　 B _____

　　Ⓐ 我姓金。　　　　　Ⓑ 我叫金 太成。
　　　Wǒ xìng Jīn.　　　　　Wǒ jiào Jīn Tàichéng.

❷ A 对不起。
　　Duìbuqǐ.

　 B _____

　　Ⓐ 谢谢!　　　　　　Ⓑ 没 关系。
　　　Xièxie!　　　　　　　Méi guānxi.

❸ A 认识 你 很 高兴。
　　Rènshi nǐ hěn gāoxìng.

　　B ＿＿＿＿＿＿＿＿＿＿＿＿＿＿＿

　　　Ⓐ 我 也 很 高兴。　　　　Ⓑ 我 也 不 认识 你。
　　　　 Wǒ yě hěn gāoxìng.　　　　Wǒ yě bú rènshi nǐ.

❹ A 你 叫 什么 名字？
　　Nǐ jiào shénme míngzi?

　　B ＿＿＿＿＿＿＿＿＿＿＿＿＿＿＿

　　　Ⓐ 我 姓 王。　　　　Ⓑ 我 叫 王 杨。
　　　　 Wǒ xìng Wáng.　　　　Wǒ jiào Wáng Yáng.

❺ A 你 认识 她 吗？
　　Nǐ rènshi tā ma?

　　B ＿＿＿＿＿＿＿＿＿＿＿＿＿＿＿

　　　Ⓐ 她 是 李 老师。　　　　Ⓑ 她 不 是 王 老师。
　　　　 Tā shì Lǐ lǎoshī.　　　　Tā bú shì Wáng lǎoshī.

2 Complete the following dialogues.

❶ A ＿＿＿＿＿＿＿＿＿＿＿＿＿＿＿ 。

　　B 没 关系。
　　　Méi guānxi.

　　A ＿＿＿＿＿＿＿＿＿＿＿＿＿＿＿ ？

　　B 我 是 学生。
　　　Wǒ shì xuéshēng.

　　A ＿＿＿＿＿＿＿＿＿＿＿＿＿＿＿ ？

B 我 叫 玛丽。
　Wǒ jiào Mǎlì.

A 我 是 麦克，＿＿＿＿＿＿＿＿＿＿＿＿＿。
　Wǒ shì Màikè

B 认识 你 我 也 很 高兴。
　Rènshi nǐ wǒ yě hěn gāoxìng.

❷ A 我 来 ＿＿＿＿＿＿＿＿＿＿＿，她 姓 王，叫 ＿＿＿＿＿＿＿。
　Wǒ lái　　　　　　　　　　tā xìng Wáng, jiào

B 你 好！ 我 姓 山口，叫 山口 和子。
　Nǐ hǎo! Wǒ xìng Shānkǒu, jiào Shānkǒu Hézǐ.

C 你 好！ 你 ＿＿＿＿＿＿＿＿＿＿＿＿?
　Nǐ hǎo! Nǐ

B 我 也 是 学生。
　Wǒ yě shì xuéshēng.

C ＿＿＿＿＿＿＿＿＿＿＿＿＿＿＿。

B ＿＿＿＿＿＿＿＿＿＿＿＿＿＿＿。

V. Chinese Characters

Basic strokes of Chinese characters (2)

Stroke	Name of the stroke	Way of writing the stroke	Examples
丿	(piě) left-falling stroke	from the right-top to the left-bottom	八 千
㇏	(nà) right-falling stroke	from the left-top to the right-bottom	八 大

Basic components of Chinese characters

亻 The radical 亻 (dānrénpáng) is originally developed from the image of a man. When it is taken as a component to form a character, it is written as 亻. The meanings of the characters with 亻 as their radical are generally related to "people". For example, 你 (nǐ), 他 (tā) and 们 (men).

女 The radical 女 (nǚzìpáng) is originally developed from the image of a woman. The meanings of the characters with 女 as their radical are generally related to "woman". For example, 妈 (mā), 姐 (jiě), 妹 (mèi) and 她 (tā).

1 **Practice writing the strokes.**

2 **Compose the following radicals into Chinese characters and make words with them.**

❶ 亻 + 尔 ⬚ ＿＿＿＿

亻 + 也 ⬚ ＿＿＿＿

亻 + 门 ⬚ ＿＿＿＿

亻 + 十 ⬚ ＿＿＿＿

❷ 女 + 也 ⬚ ＿＿＿＿

女 + 子 ⬚ ＿＿＿＿

女 + 生 ⬚ ＿＿＿＿

3 **Practice writing the Chinese characters.**

xìng ﾉ 女 女 女 妙 妙 姓 姓

姓	姓	姓	姓	姓						

shén ﾉ 亻 亻 什

什	什	什	什	什						

me ﾉ ㄥ 么

么	么	么	么	么						

míng ﾉ ク 夕 夕 名 名

名	名	名	名	名						

zì 丶 丷 宀 宀 字 字

字	字	字	字	字						

duì フ 又 又 对 对

对	对	对	对	对						

bù 一 フ 不 不

不	不	不	不	不						

shēng ﾉ ㅏ 牛 生 生

生	生	生	生	生						

wèn 丶 冂 门 门 问 问
问 问 问 问 问

rèn 丶 讠 认 认
认 认 认 认 认

shí 丶 讠 识 识 识 识 识
识 识 识 识 识

hěn 丿 彳 彳 彳 彳 彳 很 很
很 很 很 很 很

gāo 丶 亠 ㆑ 古 古 古 高 高 高 高
高 高 高 高 高

xìng 丶 丶 丷 ㅛ 兴 兴
兴 兴 兴 兴 兴

yě 乛 也 也
也 也 也 也 也

lái 一 ㆒ 平 平 平 来 来
来 来 来 来 来

Wǒ cóng Yīngguó Lúndūn lái.

我从英国伦敦来。

I come from London, UK.

 ## I. Pronunciation

- Initials: b—p, m—n, h—f
- Finals: ai—an, ei—en, ie—ia
- Tones: ¯, ´, ˇ, `

1 Read the following *pinyin* aloud and pay attention to their different pronunciations.

① bà — pà   ② biàn — piàn
③ nǎ — mǎ   ④ míng — níng
⑤ hù — fù   ⑥ hōng — fēng
⑦ ài — àn   ⑧ dài — dàn
⑨ běi — běn   ⑩ xiè — xià
⑪ hǎi — hǎn   ⑫ lái — lán

2 Read the following *pinyin* aloud and pay attention to their different tones.

① bā   bá   bǎ   bà
② hū   hú   hǔ   hù
③ fēi   guó   fǎ   biàn
④ yì tiān   yì nián   yì kǒu   yí gè

3 Read the following words aloud.

姓名	护照	中国	北京
xìngmíng	hùzhào	Zhōngguó	Běijīng

爸爸	妈妈	谢谢	地方
bàba	māma	xièxie	dìfang

II. Words and Expressions

1 **Circle the odd word out in each group.**

①
爸爸	妈妈	老师	护照
bàba	māma	lǎoshī	hùzhào

②
从	再	也	很
cóng	zài	yě	hěn

③
姓名	谢谢	国籍	地方
xìngmíng	xièxie	guójí	dìfang

④
叫	给	说	但
jiào	gěi	shuō	dàn

⑤
美国	法国	北京	日本
Měiguó	Fǎguó	Běijīng	Rìběn

2 **Fill in the blanks with the correct words.**

再	从	的	吧	哪
zài	cóng	de	ba	nǎ

① 你 _____ 哪儿 来?
Nǐ   nǎr lái?

② 他 是 _____ 国 人?
Tā shì   guó rén?

③ 你 是 英国 人 _____?
Nǐ shì Yīngguó rén

④ 请 _____ 说 一 遍。
Qǐng   shuō yí biàn.

⑤ 您 是 玛丽 _____ 妈妈 吧? 认识 您 很 高兴。
Nín shì Mǎlì   māma ba? Rènshi nín hěn gāoxìng.

说	但	给	地方	姓名
shuō	dàn	gěi	dìfang	xìngmíng

⑥ 对不起，请您再 _____ 一遍。
Duìbuqǐ, qǐng nín zài _____ yí biàn.

⑦ 请问，您的 _____?
Qǐngwèn, nín de _____?

⑧ 这是我的护照。_____ 你。
Zhè shì wǒ de hùzhào. _____ nǐ.

⑨ 我爸爸是美国人，_____ 我妈妈是英国人。
Wǒ bàba shì Měiguó rén _____ wǒ māma shì Yīngguó rén.

⑩ 你是中国什么 _____ 人?
Nǐ shì Zhōngguó shénme _____ rén?

III. Grammar

1 Transform the following sentences into their negative forms, using " 不 ".

① 他是韩国人。
Tā shì Hánguó rén.

_____

② 她姓张。
Tā xìng Zhāng.

_____

③ 他是我的老师。
Tā shì wǒ de lǎoshī.

_____

④ 张 圆圆 很高兴。
Zhāng Yuányuan hěn gāoxìng.

_____

⑤ 我认识李老师。
Wǒ rènshi Lǐ lǎoshī.

_____

2 Transform the following sentences into interrogative forms with the given expressions.

❶ 我 姓 李。
Wǒ xìng Lǐ.

_____（什么）
                                    shénme

❷ 我 是 日本人。
Wǒ shì Rìběn rén.

_____（哪）
                                    nǎ

❸ 我 从 上海 来。
Wǒ cóng Shànghǎi lái.

_____（哪儿）
                                    nǎr

❹ 玛丽 是 英国 伦敦 人。
Mǎlì shì Yīngguó Lúndūn rén.

_____（什么 地方）
                                    shénme dìfang

❺ 他 是 老师。
Tā shì lǎoshī.

_____（吧）
                                    ba

3 Complete the following dialogues.

❶ A 你 是 _____?
Nǐ shì

  B 我 是 英国 人。
Wǒ shì Yīngguó rén.

❷ A 你 是 英国 _____ 人?
Nǐ shì Yīngguó   rén?

  B 我 是 英国 伦敦 人。
Wǒ shì Yīngguó Lúndūn rén.

❸ A 他 从 _____ 来?
Tā cóng   lái?

  B 他 从 广东 来。
Tā cóng Guǎngdōng lái.

❹ A 你 爸爸 是 北京 人 吧?
Nǐ bàba shì Běijīng rén ba?

  B _____。

⑤ A 你是 _____ 吗?
　　Nǐ shì _____ ma?

B 不，我是法国人。
　Bù, wǒ shì Fǎguó rén.

IV. Communication Skills

1 Match the sentences in the two columns to make conversations.

❶ 请问，你是哪国人?　　•
　Qǐngwèn, nǐ shì nǎ guó rén?

❷ 你从哪儿来?　　•
　Nǐ cóng nǎr lái?

❸ 你是什么地方人?　　•
　Nǐ shì shénme dìfang rén?

❹ 你的护照?　　•
　Nǐ de hùzhào?

❺ 你妈妈是哪里人?　　•
　Nǐ māma shì nǎlǐ rén?

•　A 我妈妈是 上海 人。
　　Wǒ māma shì Shànghǎi rén.

•　B 什么? 请您再说一遍。
　　Shénme? Qǐng nín zài shuō yí biàn.

•　C 我从 伦敦 来。
　　Wǒ cóng Lúndūn lái.

•　D 我是 美国 人。
　　Wǒ shì Měiguó rén.

•　E 我是日本 东京 人。
　　Wǒ shì Rìběn Dōngjīng rén.

2 Complete the following dialogues.

❶ A 你好! 我叫麦克。
　　Nǐ hǎo! Wǒ jiào Màikè.

B _____! 我叫玛丽。
　　　　　　　　　　　Wǒ jiào Mǎlì.

A _____?

B 我从 英国 伦敦 来。_____?
　Wǒ cóng Yīngguó Lúndūn lái.

A 我是 美国 人。
　Wǒ shì Měiguó rén.

B 认识你很高兴。
　Rènshi nǐ hěn gāoxìng.

Unit 3

A _____

B 他也是 学生 吗?
Tā yě shì xuéshēng ma?

A _____ ，他是 老师。
tā shì lǎoshī.

❷ A 你是 韩国 人 吧?
Nǐ shì Hánguó rén ba?

B 什么？ 请 _____。
Shénme? Qǐng

A 你是 韩国 人 吗?
Nǐ shì Hánguó rén ma?

B 不, _____, 我 是 _____
Bù wǒ shì

A _____ ?

B 我 是 日本 东京 人。 _____ ?
Wǒ shì Rìběn Dōngjīng rén.

A 我 是 北京 人。
Wǒ shì Běijīng rén.

B 你 爸爸、 妈妈 也 是 北京 人 吗?
Nǐ bàba, māma yě shì Běijīng rén ma?

A 我 爸爸 是 北京 人，但 _____。
Wǒ bàba shì Běijīng rén, dàn

🖉 V. Chinese Characters

Basic strokes of Chinese characters (3)

Stroke	Name of the stroke	Way of writing the stroke	Examples
、	(diǎn) dot	from the left-top to the right-bottom, shorter than ㇏ (nà)	兴 问
㇀	(tí) rising stroke	from the left-bottom to the right-top	地 护

Basic components of Chinese characters

讠 The radical 讠 (yánzìpáng) is originally developed from the image of a person speaking something. The original meanings of the characters with 讠 as their radical are generally related to "speaking". For example, 请 (qǐng), 说 (shuō), 认 (rèn), 识 (shí), 谁 (shéi) and 谢 (xiè).

口 The radical 口 (kǒuzìpáng) is originally developed from the image of the mouth of a man. The original meanings of the characters with 口 as their radical are generally related to "mouth", "speaking" and "tone". For example, 叫 (jiào), 吗 (ma), 吧 (ba) and 哪 (nǎ).

1 **Practice writing the strokes.**

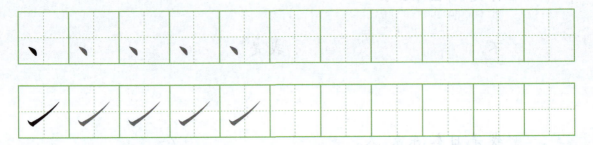

2 **Compose the following radicals into Chinese characters and make words with them.**

❶ 讠＋人 [ ] ＿＿＿＿＿   讠＋只 [ ] ＿＿＿＿＿

讠＋青 [ ] ＿＿＿＿＿   讠＋兑 [ ] ＿＿＿＿＿

讠＋隹 [ ] ＿＿＿＿＿   讠＋射 [ ] ＿＿＿＿＿

❷ 口＋丩 [ ] ＿＿＿＿＿   口＋马 [ ] ＿＿＿＿＿

口＋巴 [ ] ＿＿＿＿＿   口＋那 [ ] ＿＿＿＿＿

3 Practice writing the Chinese characters.

cóng 丿 ㄥ 从 从

从 从 从 从 从

guó 丨 冂 冂 冃 冃 国 国 国

国 国 国 国 国

shuō 丶 讠 讠 讠 讠 说 说 说 说

说 说 说 说 说

rén 丿 人

人 人 人 人 人

de 丿 亻 亻 白 白 白 的 的

的 的 的 的 的

ba 丨 口 口 口 吧 吧 吧

吧 吧 吧 吧 吧

bà 丿 八 乂 父 爷 爸 爸 爸

爸 爸 爸 爸 爸

mā 乚 乆 女 妈 妈 妈

妈 妈 妈 妈 妈

dì 　一 十 土 圵 圵 地 地

地 地 地 地 地

fāng 　丶 亠 方 方

方 方 方 方 方

dàn 　ノ 亻 亻 们 但 但 但

但 但 但 但 但

běi 　丨 十 十 北 北

北 北 北 北 北

jīng 　丶 亠 古 古 亨 亨 京 京

京 京 京 京 京

zhōng 　丶 口 口 中

中 中 中 中 中

UNIT 4

Wǒ zài yì jiā gōngsī gōngzuò.

我在一家公司工作。

I work for a company.

I. Pronunciation

- Initials: d, t, f
- Finals: u, ui, an, ie, uo

1 **Read the following *pinyin* aloud and pay attention to their different pronunciations.**

❶ dà	—	tà	❷ tú	—	dú
❸ fù	—	hù	❹ lǐ	—	nǐ
❺ duō	—	duī	❻ jiào	—	qiào
❼ jiā	—	jiē	❽ jià	—	jiào
❾ wǎ	—	wǒ	❿ huà	—	huàn
⓫ liàn	—	liàng	⓬ luò	—	huò

2 **Read the following *pinyin* aloud and pay attention to their different tones.**

❶ dā	dá	dǎ	dà
❷ tiān	tián	diǎn	diàn
❸ jiā	xué	hǎo	hù
❹ shū	yuán	xǐ	bù

3 **Read the following words aloud.**

教练 jiàoliàn	护士 hùshi	秘书 mìshū	经理 jīnglǐ	记者 jìzhě	大学生 dàxuéshēng

大家	现在	喜欢	工作	公司	图书馆
dàjiā	xiànzài	xǐhuan	gōngzuò	gōngsī	túshūguǎn

II. Words and Expressions

1 Circle the odd word out in each group.

❶
经理	秘书	公司	职员
jīnglǐ	mìshū	gōngsī	zhíyuán

❷
记者	工作	教练	护士
jìzhě	gōngzuò	jiàoliàn	hùshi

❸
喜欢	画家	部门	图书馆
xǐhuan	huàjiā	bùmén	túshūguǎn

❹
名	在	个	家
míng	zài	gè	jiā

❺
每天	大家	现在	下午
měi tiān	dàjiā	xiànzài	xiàwǔ

2 Fill in the blanks with the correct words.

做	在	家	画	名
zuò	zài	jiā	huà	míng

❶ 你 _____ 哪儿 工作?
Nǐ _____ nǎr gōngzuò?

❷ 玛丽 喜欢 _____ 画儿。
Mǎlì xǐhuan _____ huàr.

❸ 他 是 一 _____ 大学生。
Tā shì yì _____ dàxuéshēng.

❹ 李 冬生 _____ 什么 工作?
Lǐ Dōngshēng _____ shénme gōngzuò?

❺ 他 在 一 _____ 公司 工作。
Tā zài yì _____ gōngsī gōngzuò.

現在　　工作　　喜欢　　每天　　哪儿
xiànzài　gōngzuò　xǐhuan　měi tiān　nǎr

⑥ 你做 什么　＿＿＿＿＿＿ ?
Nǐ zuò shénme

⑦ 金 太成　＿＿＿＿＿＿ 下午来图书馆。
Jīn Tàichéng　xiàwǔ lái túshūguǎn.

⑧ 玛丽在　＿＿＿＿＿ 画画儿?
Mǎlì zài　huà huàr?

⑨ 我 很　＿＿＿＿＿ 李老师。
Wǒ hěn　Lǐ lǎoshī.

⑩ 经理　＿＿＿＿＿ 不在公司。
Jīnglǐ　bú zài gōngsī.

III. Grammar

1 Put the given expressions in the correct places to complete sentences.

❶ 金 太成　A　来　B　公司　C　。（每 天 下午）
Jīn Tàichéng　lái　gōngsī　měi tiān xiàwǔ

❷ 他是一家　A　英国　B　公司　C　职员。（的）
Tā shì yì jiā　Yīngguó　gōngsī　zhíyuán.　de

❸ 　A　我爸爸　B　工作　C　。（在大学）
Wǒ bàba　gōngzuò　zài dàxué

❹ 山口 和子　A　日本 东京　B　来　C　。（从）
Shānkǒu Hézǐ　Rìběn Dōngjīng　lái　cóng

❺ 张　圆圆 现在　A　是　B　一　C　大学生。（名）
Zhāng Yuányuan xiànzài　shì　yì　dàxuéshēng.　míng

2 Complete the following dialogues.

❶ A 山口　＿＿＿＿＿＿ ?
Shānkǒu

B 她是公司的职员。
Tā shì gōngsī de zhíyuán.

❷ A 金 太成 现在 _____?
     Jīn Tàichéng xiànzài

   B 他现在在 中国 工作。
     Tā xiànzài zài Zhōngguó gōngzuò.

❸ A 王　杨 在哪儿工作?
     Wáng Yáng zài　nǎr gōngzuò?

   B _____。

❹ A 这是谁的护照? / 这是你的护照吗?
     Zhè shì shéi de hùzhào?　/ Zhè shì　nǐ　de hùzhào ma?

   B _____。

❺ A 你每天下午来图书馆吗?
     Nǐ měi tiān xiàwǔ lái túshūguǎn ma?

   B _____。

IV. Communication Skills

1 Substitution exercises with the given words.

例		
	经理 jīnglǐ	秘书 mìshū

A 你是经理吗?
   Nǐ shì jīnglǐ ma?

B 不,我不是经理,我是秘书。
   Bù,　wǒ bú shì jīnglǐ,　wǒ shì mìshū.

A 你喜欢这个 工作 吗?
   Nǐ xǐhuan zhège gōngzuò ma?

B 我喜欢这个工作。
   Wǒ xǐhuan zhège gōngzuò.

1		
	记者 jìzhě	老师 lǎoshī

A _____ ?

B _____ 。

A _____ ?

B _____ 。

②   职 员   护 士
                      zhíyuán   hùshi

A _____ ?

B _____ 。

A _____ ?

B _____ 。

2 Match the sentences in the two columns to make conversations.

❶ 你喜欢这个 工作 吗？   •
    Nǐ xǐhuan zhège gōngzuò ma?

                            • A 我在一家公司 工作。
                                 Wǒ zài yì jiā gōngsī gōngzuò.

❷ 她做 什么 工作？   •
    Tā zuò shénme gōngzuò?

                            • B 不，他在大学 工作。
                                   Bù, tā zài dàxué gōngzuò.

❸ 你在 哪儿工作？   •
    Nǐ zài nǎr gōngzuò?

                            • C 对，我妈妈也工作。
                                   Duì, wǒ māma yě gōngzuò.

❹ 他 也 在公司 工作 吗？   •
    Tā yě zài gōngsī gōngzuò ma?

                            • D 她是 记者。
                                   Tā shì jìzhě.

❺ 你妈妈也 工作 吗？   •
    Nǐ māma yě gōngzuò ma?

                            • E 我 很 喜欢。
                                   Wǒ hěn xǐhuan.

3 Complete the following dialogue.

A 你 _____ ?
   Nǐ

B 我 在一家 美国 公司 工作。
   Wǒ zài yì jiā Měiguó gōngsī gōngzuò.

A 你 _____ 吗?
　 Nǐ   ma?

B 不，我 不 是 经理。
　 Bù,   wǒ bú shì jīnglǐ.

A 那 你 做 _____ ?
　 Nà nǐ zuò

B 我 是 经理 的 秘书。
　 Wǒ shì jīnglǐ de mìshū.

A 你 喜欢 你 的 工作 吗?
　 Nǐ xǐhuan nǐ de gōngzuò ma?

B _____ 。

✎ V. Chinese Characters

Basic strokes of Chinese characters (4)

Name of the stroke	Way of writing the stroke	Example
フ ∟ (zhé) turning stroke	フ (héngzhé) Horizontal turning stroke: Joining the horizontal stroke with the vertical one ⎯⌐↓	日
	∟ (shùzhé) Vertical turning stroke: Joining the vertical stroke with the horizontal one ↳	山

Basic component of Chinese characters

扌 The radical 扌 (tíshǒupáng) is originally developed from the image of a hand. The original meanings of the characters with 扌 as their radical are generally related to "hand" or "hand motion". For example, 护 (hù), 打 (dǎ) and 找 (zhǎo).

1 Practice writing the strokes.

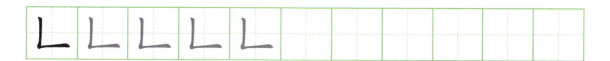

2 Compose the following radicals into Chinese characters and make words with them.

扌 + 立 ⬜

3 Practice writing the Chinese characters.

jiā 丶 宀 宀 宀 宀 宇 宇 宇 家 家

gōng 丿 八 公 公

sī ㄱ ㄱ ㄱ 司 司

gōng 一 丁 工

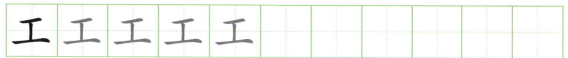

zuò 丿 亻 亻 亻 作 作 作

dà 一 ナ 大

大 大 大 大 大

měi ノ ケ ﾑ 毎 每 每

每 每 每 每 每

tiān 一 二 于 天

天 天 天 天 天

wǔ ノ ヒ 亇 午

午 午 午 午 午

zài 一 ナ 才 村 在 在

在 在 在 在 在

mén 丶 冂 门

门 门 门 门 门

xǐ 一 十 土 吉 吉 吉 吉 壴 喜 喜 喜

喜 喜 喜 喜 喜

huān ﾌ 又 ﾈ 歺 欢 欢

欢 欢 欢 欢 欢

zhè 丶 亠 宁 文 文 这 这

这 这 这 这 这

gè 丿 亻 个

个 个 个 个 个

xiàn 一 二 干 王 珇 玑 现 现

现 现 现 现 现

UNIT 5

Nǐ jīnnián duō dà?

你 今 年 多 大 ?

How old are you?

I. Pronunciation

- Initials: l, g, x
- Finals: ang, ong, iang, iong
- Neutral tone

1 **Read the following *pinyin* aloud and pay attention to their different pronunciations.**

① lù — nù	② gē — kē
③ duì — tuì	④ tà — dà
⑤ jiào — qiào	⑥ guì — kuì
⑦ yǒu — yǎo	⑧ wài — wàn
⑨ páng — qiáng	⑩ gòng — gèng
⑪ jiǒng — qióng	⑫ xīn — qīn

2 **Read the following *pinyin* aloud and pay attention to their different tones.**

① qīn qín jǐn jìn
② yōu yóu yǒu yòu
③ jīn nián jǐ suì
④ měi tiān hǎotīng lǎoshī qǐngwèn

3 **Read the following words aloud.**

今年	几岁	多大	年纪	朋友	上午	可以
jīnnián	jǐ suì	duō dà	niánjì	péngyou	shàngwǔ	kěyǐ

36

阿姨	健身	星期	京剧	声音	好听	外婆
āyí	jiànshēn	xīngqī	jīngjù	shēngyīn	hǎotīng	wàipó

II. Words and Expressions

1 **Circle the odd word out in each group.**

❶
很	不	大	也
hěn	bù	dà	yě

❷
可以	今年	明天	上午
kěyǐ	jīnnián	míngtiān	shàngwǔ

❸
看	事	想	猜
kàn	shì	xiǎng	cāi

❹
大	小	岁	对
dà	xiǎo	suì	duì

❺
大妈	阿姨	好听	外婆
dàmā	āyí	hǎotīng	wàipó

2 **Fill in the blanks with the correct words.**

年纪	几	岁	多
niánjì	jǐ	suì	duō

❶ 玛丽 今年 _____ 大 了?
Mǎlì jīnnián dà le?

❷ 这个 小朋友 今年 _____ 岁?
Zhège xiǎopéngyǒu jīnnián suì?

❸ 你 外婆 多 大 _____ ?
Nǐ wàipó duō dà

❹ 她 是 护士, 今年 25 _____ 。
Tā shì hùshi, jīnnián èrshíwǔ

好听	真	可以	猜	事
hǎotīng	zhēn	kěyǐ	cāi	shì

⑤ 你 _____ 她 多 大?
Nǐ tā duō dà?

⑥ 你 好! 什么 _____?
Nǐ hǎo! Shénme

⑦ 赵 老师 的 声音 很 _____。
Zhào lǎoshī de shēngyīn hěn

⑧ 你们 明天 上午 来 健身,_____ 吗?
Nǐmen míngtiān shàngwǔ lái jiànshēn ma?

⑨ 他 的 年纪 _____ 大!
Tā de niánjì dà!

III. Grammar

1 **Fill in the blanks with correct expressions.**

❶ 小朋友,你 _____?
Xiǎopéngyǒu, nǐ

Ⓐ 几 岁
jǐ suì

Ⓑ 多 岁
duō suì

❷ 大妈,您 _____?
Dàmā, nín

Ⓐ 几 年纪
jǐ niánjì

Ⓑ 多 大 年纪
duō dà niánjì

❸ 玛丽,你 认识 _____ 中国 学生?
Mǎlì, nǐ rènshi Zhōngguó xuéshēng?

Ⓐ 几
jǐ

Ⓑ 几 个
jǐ gè

❹ 我 猜 你 _____。
Wǒ cāi nǐ

Ⓐ 不 25 岁
bú èrshíwǔ suì

Ⓑ 不 到 25 岁
bú dào èrshíwǔ suì

⑤ 圆圆，你 _____ 健身 吗?
Yuányuan, nǐ   jiànshēn ma?

　　A 想　　　　　　　　　B 想想
　　　xiǎng　　　　　　　　　xiǎngxiang

2 Complete the following dialogues.

❶ A _____?

   B 李 明 今年 6 岁。
     Lǐ Míng jīnnián liù suì.

❷ A _____?

   B 我 猜 他 30 岁。
     Wǒ cāi tā sānshí suì.

❸ A _____?

   B 我 爸爸 今年 60 岁。
     Wǒ bàba jīnnián liùshí suì.

❹ A 你 明天 上午 来，可以 吗?
     Nǐ míngtiān shàngwǔ lái， kěyǐ ma?

   B _____。

❺ A （Pointing a photo）你 认识 这个 人 吗?
                      Nǐ rènshi zhège rén ma?

   B _____。（Verb AA）

IV. Communication Skills

1 Look at the pictures and complete the following dialogues with the given words.

❶

A _____? （几）
                              jǐ

B _____ 。

②

A _____ ？（**多大**）

duō dà

B _____ 。

③

A _____ ？（**多大**）

duō dà

B _____ 。

④

A _____ ？（**认识**）

rènshi

B _____ 。

⑤

A _____ ？（**看看**）

kànkan

B _____ 。

2 **Complete the following dialogues.**

1 A 你好，你想 _____?
   Nǐ hǎo, nǐ xiǎng

   B 我 想 健身。
   Wǒ xiǎng jiànshēn.

   A 你 _____?
   Nǐ

   B 我 今年 21 岁。
   Wǒ jīnnián èrshíyī suì.

   A 你 星期六 上午 来，_____ 吗?
   Nǐ Xīngqīliù shàngwǔ lái   ma?

   B 可以。
   Kěyǐ.

2 A 大妈，您 好。您 _____?
   Dàmā, nín hǎo. Nín

   B 我 今年 83 岁。
   Wǒ jīnnián bāshísān suì.

   A 请问，（Pointing the photo）您 _____ 这个人 吗?
   Qǐngwèn,   nín   zhège rén ma?

   B 我 _____，不 认识。她 是……
   Wǒ   bú rènshi. Tā shì…

   A 她是 我 妈妈 的 妈妈。
   Tā shì wǒ māma de māma.

   B 哦，是 你 _____ 啊。
   Ò, shì nǐ   a.

V. Chinese Characters

The basic order of the strokes of Chinese characters (1)

The basic order of the strokes	Example and way of writing the strokes
First the horizontal and then the vertical	十：一 十
From top to bottom	三：一 二 三

（续表）

The basic order of the strokes	Example and way of writing the strokes
First left-falling and then right-falling	人：丿人
First the left one and then the right one	儿：丿儿

Basic components of Chinese characters

心 The radical 心 (xīnzìdǐ) is originally developed from the image of a heart. It appears at the bottom of the characters with a top-bottom structure. The original meanings of the characters with 心 as their radical are generally related to "thoughts" and "feelings". For example, 想 (xiǎng), 您 (nín), 意 (yì) and 思 (sī).

纟 The radical 纟 (jiǎosīpáng) is originally developed from the image of a bouquet of silk. It appears on the left side of the characters with a left-right structure. The original meanings of the characters with 纟 as their radical are generally related to "silk" or "fiber". For example, 给 (gěi), 绍 (shào), 练 (liàn), 经 (jīng), 纪 (jì), 线 (xiàn) and 结 (jié).

1 Compose the following radicals into Chinese characters and make words with them.

① 相 + 心 □ ＿＿＿＿＿   你 + 心 □ ＿＿＿＿＿

乍 + 心 □ ＿＿＿＿＿   自 + 心 □ ＿＿＿＿＿

② 纟 + 合 □ ＿＿＿＿＿   纟 + 召 □ ＿＿＿＿＿

纟 + 己 □ ＿＿＿＿＿   纟 + 录 □ ＿＿＿＿＿

2 Practice writing the Chinese characters.

jīn 丿人人今

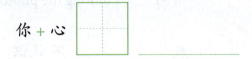

今 今 今 今 今

nián ノ ㇒ 仁 仨 年

年 年 年 年 年

duō ノ ㇇ 夕 多 多

多 多 多 多 多

xiǎo ㇚ 小 小

小 小 小 小 小

péng ノ 几 月 月 月 朋 朋 朋

朋 朋 朋 朋 朋

yǒu 一 ナ 方 友

友 友 友 友 友

jǐ ノ 几

几 几 几 几 几

suì 丨 屮 山 屮 岁 岁

岁 岁 岁 岁 岁

shēn ㇒ 亻 㐅 自 自 身 身

身 身 身 身 身

shàng 丨 卜 上

上 上 上 上 上

kě 一 丁 丁 丁 可

可 可 可 可 可

yǐ ㇏ ㇏ 以 以

以 以 以 以 以

zhēn 一 十 广 古 古 甴 育 直 直 真

真 真 真 真 真

tīng ㇐ 丨 丨 丨 听 听 听

听 听 听 听 听

kàn 一 二 三 丢 丢 看 看 看 看

看 看 看 看 看

UNIT 6

Tā de nán péngyou hěn shuài!

她 的 男 朋 友 很 帅 !

Her boyfriend is very handsome!

I. Pronunciation

- Initials: j, q, x
- Finals: ü, in, ing

1 Read the following *pinyin* aloud and pay attention to their different pronunciations.

❶	jiào	—	qiào	❷	jiāng	—	qiāng
❸	jǔ	—	qǔ	❹	xīn	—	xīng
❺	nián	—	lián	❻	liáng	—	niáng
❼	bān	—	bāng	❽	zěn	—	zēng
❾	yān	—	yāng	❿	yāo	—	yōu
⓫	lǚ	—	lù	⓬	dīng	—	děng

2 Read the following *pinyin* aloud and pay attention to their different tones.

❶	kē	xué	zuǒ	yòu
❷	bāng	máng	qǐng	jià
❸	zhēn	lái	xiǎng	duì
❹	bù tīng	bù lái	bù zǒu	bú kàn

3 Read the following words aloud.

怎么样	不错	外国	大学	小姐	汉语	还是	那时
zěnmeyàng	búcuò	wàiguó	dàxué	xiǎojiě	Hànyǔ	háishi	nàshí

45

个子	左右	这样	明天	休息	体重	公斤	漂亮
gèzi	zuǒyòu	zhèyàng	míngtiān	xiūxi	tǐzhòng	gōngjīn	piàoliang

II. Words and Expressions

1 **Circle the odd word out in each group.**

❶
高	帅	胖	找
gāo	shuài	pàng	zhǎo

❷
外公	外婆	经理	妈妈
wàigōng	wàipó	jīnglǐ	māma

❸
不错	个子	外国	体重
búcuò	gèzi	wàiguó	tǐzhòng

❹
明天	左右	现在	怎么样
míngtiān	zuǒyòu	xiànzài	zěnmeyàng

❺
学习	找	漂亮	休息
xuéxí	zhǎo	piàoliang	xiūxi

2 **Fill in the blanks with the correct words.**

米	漂亮	公斤	累	帅
mǐ	piàoliang	gōngjīn	lèi	shuài

❶ 张　圆圆 的 教练 很 _____。
Zhāng Yuányuan de jiàoliàn hěn

❷ 他 体重 80 _____。
Tā tǐzhòng bāshí

❸ 她 的 外婆 那时 很 _____。
Tā de wàipó nàshí hěn

❹ 我 很 _____，我 想 休息。
Wǒ hěn　　　　　wǒ xiǎng xiūxi.

❺ 我 个子 不 高，1 _____ 7。
Wǒ gèzi bù gāo, yì　　　　qī.

左右   怎么样   这样   休息   还是
zuǒyòu   zěnmeyàng   zhèyàng   xiūxi   háishi

⑥ 你 的 汉语 老师 _____ ?
Nǐ de Hànyǔ lǎoshī

⑦ 他 1 米 75 _____ 。
Tā yì mǐ qīwǔ

⑧ 我 不 想 要 _____ 的 男 朋友。
Wǒ bù xiǎng yào   de nán péngyou.

⑨ 你 是 美国 人 _____ 英国 人?
Nǐ shì Měiguó rén   Yīngguó rén?

⑩ 我 太 累 了，明天 想 _____ 。
Wǒ tài lèi le, míngtiān xiǎng

III. Grammar

1 **Transform the following sentences into their interrogative forms.**

例 1

我 去 图书馆。
Wǒ qù túshūguǎn.

▶ 你 去 不 去 图书馆?
Nǐ qù bú qù túshūguǎn?

❶ 我 看 京剧。
Wǒ kàn jīngjù.

▶ _____ ?

❷ 他 明天 休息。
Tā míngtiān xiūxi.

▶ _____ ?

❸ 我 很 累。
Wǒ hěn lèi.

▶ _____ ?

❹ 她 很 高兴。
Tā hěn gāoxìng.

▶ _____ ?

⑤ 他 的 女 朋友 很 漂亮。
Tā de nǚ péngyou hěn piàoliang.

▶ _____?

例2

玛丽 是 英国 人。
Mǎlì shì Yīngguó rén.

▶ 玛丽 是 英国 人还是 美国 人?（美国人）
Mǎlì shì Yīngguó rén háishi Měiguó rén? Měiguó rén

---

⑥ 我 的 教练 是 男 的。
Wǒ de jiàoliàn shì nán de.

▶ _____?（女的）
nǚ de

⑦ 明天 我 休息。
Míngtiān wǒ xiūxi.

▶ _____?（学习）
xuéxí

⑧ 金 太成 是 经理。
Jīn Tàichéng shì jīnglǐ.

▶ _____?（职员）
zhíyuán

⑨ 我 喜欢 北京。
Wǒ xǐhuan Běijīng.

▶ _____?（上海）
Shànghǎi

⑩ 我 星期六 上午 来。
Wǒ Xīngqīliù shàngwǔ lái.

▶ _____?（星期六 下午）
Xīngqīliù xiàwǔ

---

2 Complete the following dialogues with the given expressions.

❶ A _____?（多）
duō

B 他 1 米 73。
Tā yì mǐ qīsān.

❷ A _____?（多）
duō

B 我 56 公斤。
Wǒ wǔshíliù gōngjīn.

❸ A 张 圆圆 漂亮 不 漂亮?
Zhāng Yuányuan piàoliang bú piàoliang?

B _____。（很）
hěn

❹ A 你的 教练 怎么样？
　　 Nǐ de jiàoliàn zěnmeyàng?

　 B ＿＿＿＿＿＿＿＿＿＿＿＿＿＿＿ ！（太……了）
　　　　　　　　　　　　　　　　　　tài　 … 　 le

❺ A 他 1 米 92。
　　 Tā yì mǐ jiǔ'èr.

　 B ＿＿＿＿＿＿＿＿＿＿＿＿＿＿＿ ！（真）
　　　　　　　　　　　　　　　　　　zhēn

IV. Communication Skills

1 **Mark the pictures with the corresponding descriptions.**

① ＿＿＿＿＿　② ＿＿＿＿＿　③ ＿＿＿＿＿　④ ＿＿＿＿＿　⑤ ＿＿＿＿＿

Ⓐ 他个子不高，体重　75　公斤，有点儿胖。
　 Tā gèzi bù gāo, tǐzhòng qīshíwǔ gōngjīn, yǒudiǎnr pàng.

Ⓑ 她身高 1 米 65，体重　45　公斤，很 漂亮。
　 Tā shēngāo yì mǐ liùwǔ, tǐzhòng sìshíwǔ gōngjīn, hěn piàoliang.

Ⓒ 他今年 6 岁，身高 1 米 2，体重 20 公斤 左右。
　 Tā jīnnián liù suì, shēngāo yì mǐ èr, tǐzhòng èrshí gōngjīn zuǒyòu.

Ⓓ 他个子很高，1 米 78 左右，很 帅。
　 Tā gèzi hěn gāo, yì mǐ qībā zuǒyòu, hěn shuài.

Ⓔ 她今年　65　岁，体重 60 公斤，不太胖。
　 Tā jīnnián liùshíwǔ suì, tǐzhòng liùshí gōngjīn, bú tài pàng.

2 **Complete the following dialogues according to the given information in the boxes.**

1 A 你 _____ 不 _____ 大学生？
　　　Nǐ 　　　　bú 　　　　dàxuéshēng?

B 我 是 大学生。
　Wǒ shì dàxuéshēng.

A _____ ？

B 我 1 米 65。
　Wǒ yì mǐ liùwǔ.

A _____ ？

B 我 体重 45 公斤。
　Wǒ tǐzhòng sìshíwǔ gōngjīn.

A 你 _____ 还是 _____ ？
　Nǐ 　　　　　　　　háishi

B 我 星期六 下午 来。
　Wǒ Xīngqīliù xiàwǔ lái.

姓名	张圆圆
职业	大学生
年龄	21 岁
身高	1.65 米
体重	45 公斤
健身时间	星期六下午

2 A 他 是 不 是 学生？
　　　Tā shì bú shì xuéshēng?

B _____ 。

A 他 _____ 不 _____ ？
　Tā 　　　　bú

B 他 很 帅！
　Tā hěn shuài!

A _____ ？

B 他 今年 28 岁。
　Tā jīnnián èrshíbā suì.

A 你 _____ 吗？
　Nǐ 　　　　　　　　ma?

B 当然 想。
　Dāngrán xiǎng.

姓名	刘小飞
职业	大学教师
年龄	28 岁
身高	1.78 米
体重	70公斤

V. Chinese Characters

The basic order of the strokes of Chinese characters (2)

The basic order of the strokes	Example and way of writing the strokes
First the middle and then the left and the right	小：亅 小 小
First the external and then the internal	同：丨 冂 冂 同 同 同
First the inside strokes and then the horizontal one to seal it	国：丨 冂 冂 冃 用 国 国 国

Basic components of Chinese characters

氵 The radical 氵 (sāndiǎnshuǐ) is originally developed from the image of a river. The original meanings of the characters with 氵 as their radical are generally related to "water". For example, 汉 (hàn), 漂 (piāo), 江 (jiāng), 河 (hé), 海 (hǎi) and 洋 (yáng).

木 The radical 木 (mùzìpáng) is originally developed from the image of a tree. The original meanings of the characters with 木 as their radical are generally related to "tree". For example, 林 (lín), 杨 (yáng) and 树 (shù).

1 **Compose the following radicals into Chinese characters and make words with them.**

2 Practice writing the Chinese characters.

nán　丿 口 日 日 円 田 男 男

男	男	男	男	男					

zěn　丿 ㇒ 广 ㇇ 乍 作 怎 怎 怎

怎	怎	怎	怎	怎					

yàng　一 十 才 木 术 术 栏 栏 样

样	样	样	样	样					

xí　㇆ 习 习

习	习	习	习	习					

hàn　丶 ㇀ 氵 汊 汉

汉	汉	汉	汉	汉					

yǔ　丶 讠 讠 订 订 语 语 语 语

语	语	语	语	语					

hái　一 丆 不 不 还 还

还	还	还	还	还					

zǐ　㇇ 了 子

子	子	子	子	子					

mǐ ` `` ⺌ 半 米 米

米 米 米 米 米

zuǒ 一 ナ 左 左 左

左 左 左 左 左

yòu 一 ナ 右 右 右

右 右 右 右 右

míng 丨 冂 月 日 日 明 明 明

明 明 明 明 明

xiū 丿 亻 亻 什 什 休

休 休 休 休 休

xī 丿 亻 自 自 自 自 息 息 息

息 息 息 息 息

yào 一 丆 襾 西 要 要 要

要 要 要 要 要

tài 一 ナ 大 太

太 太 太 太 太

tǐ 丿 亻 亻 什 什 休 体

体 体 体 体 体

shí 丨 冂 月 月 日 时 时

时 时 时 时 时

UNIT 7

Wǒ zhù zài Yángguāng Xiǎoqū.

我 住 在 阳光 小区。

I live in Yangguang Residential Neighborhood.

I. Pronunciation

- Initials: s, k
- Finals: ou, ia, iu, eng
- Combination of tones

1 Read the *pinyin* aloud and pay attention to their different pronunciations.

①	zǐ	—	cǐ	②	jiā	—	jiū
③	jiǎo	—	qiǎo	④	jiàn	—	qiàn
⑤	zǒu	—	zuǒ	⑥	jiǔ	—	qiǔ
⑦	sǎ	—	yǎ	⑧	wàn	—	wàng
⑨	kěn	—	kēng	⑩	dàn	—	duàn
⑪	wēn	—	wēng	⑫	sēng	—	sēn

2 Read the following *pinyin* aloud and pay attention to their different tones.

①	wān	wán	wǎn	wàn
②	yuē	wéi	yǔ	wèn
③	ān	quán	bǐ	sài
④	fēi	cháng	kě	ài

3 Read the following words aloud.

我们	学校	宿舍	房间	电话	知道	前边
wǒmen	xuéxiào	sùshè	fángjiān	diànhuà	zhīdào	qiánbian

晚上	饭店	医院	宴会	健美操	比赛	客气
wǎnshang	fàndiàn	yīyuàn	yànhuì	jiànměicāo	bǐsài	kèqi

 ## II. Words and Expressions

1 **Circle the odd word out in each group.**

①
知道	参加	饭店	喜欢
zhīdào	cānjiā	fàndiàn	xǐhuan

②
当	号	去	住
dāng	hào	qù	zhù

③
离	有	从	在
lí	yǒu	cóng	zài

④
住	楼	层	号
zhù	lóu	céng	hào

⑤
别客气	没关系	对不起	一会儿
bié kèqi	méi guānxi	duìbuqǐ	yíhuìr

2 **Fill in the blanks with the correct words.**

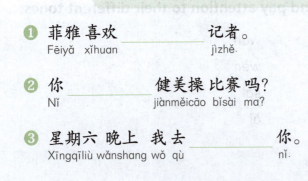

住	当	接	参加	有
zhù	dāng	jiē	cānjiā	yǒu

① 菲雅 喜欢 _____ 记者。
Fēiyǎ xǐhuan   jìzhě.

② 你 _____ 健美操 比赛 吗?
Nǐ   jiànměicāo bǐsài ma?

③ 星期六 晚上 我去 _____ 你。
Xīngqīliù wǎnshang wǒ qù   nǐ.

④ 我 _____ 在 学生 宿舍。
Wǒ   zài xuéshēng sùshè.

⑤ 明天 我们 学校 _____ 健美操 比赛。
Míngtiān wǒmen xuéxiào   jiànměicāo bǐsài.

离	里	饭店	前边	晚上
lí	li	fàndiàn	qiánbian	wǎnshang

6 长安 _____ 在 东城 路，很近。
Cháng'ān   zài Dōngchéng Lù. hěn jìn.

7 我 在 家 _____ 。你 来 接 我 吧。
Wǒ zài jiā   Nǐ lái jiē wǒ ba.

8 王 杨 家 _____ 公司 很 远。
Wáng Yáng jiā   gōngsī hěn yuǎn.

9 2 号 楼 在 3 号 楼 _____ 。
Èr hào lóu zài sān hào lóu

10 今天 _____ 我 去 健身。
Jīntiān   wǒ qù jiànshēn.

III. Grammar

1 Put the given words in the correct places to complete sentences.

1 他 住 在 8 [A] 楼 9 [B] 903 [C] 房间。（层）
Tā zhù zài bā   lóu jiǔ   jiǔlíngsān   fángjiān. céng

2 他 爸爸 [A] 现在 住 在 [B] 二 [C] 医院。（第）
Tā bàba   xiànzài zhù zài   èr   Yīyuàn. dì

3 请问，[A] 长安 饭店 [B] 这儿 [C] 远 吗？（离）
Qǐngwèn   Cháng'ān Fàndiàn   zhèr   yuǎn ma? lí

4 我们 [A] 公司 在 [B] 阳光 小区 [C] 。（东边）
Wǒmen   gōngsī zài   Yángguāng Xiǎoqū   dōngbian

5 张 圆圆 [A] 现在 在 [B] 宿舍 [C] 。（里）
Zhāng Yuányuan   xiànzài zài   sùshè   li

2 Fill in each blank with the proper preposition.

离　　从　　在
lí　　cóng　　zài

1 我 爸爸 _____ 一家 公司 工作。
Wǒ bàba　　　　　　yì jiā gōngsī gōngzuò.

2 学校 _____ 我们 小区 不远。
Xuéxiào　　　　　　wǒmen xiǎoqū bù yuǎn.

3 山口 和子 _____ 日本 东京 来。
Shānkǒu Hézǐ　　　　Rìběn Dōngjīng lái.

4 图书馆 _____ 2号 楼的 东边。
Túshūguǎn　　　　　èr hào lóu de dōngbian.

5 我 _____ 宿舍楼 前边 等 你。
Wǒ　　　　　　　　sùshè lóu qiánbian děng nǐ.

IV. Communication Skills

1 Complete the following dialogues according to the pictures.

1

A 圆圆，_____？
Yuányuan

B 我 住在 _____。
Wǒ zhù zài

A 现在 我 去 找 你。
Xiànzài wǒ qù zhǎo nǐ.

B 我 在 宿舍 等 你。
Wǒ zài sùshè děng nǐ.

A 好，_____ 。
　Hǎo

B _____ 。

A 请问，_____ ？
　Qǐngwèn

B 在 _____ 。
　Zài

A 离 _____ ？
　Lí

B 不 _____ 。
　Bù

A 谢谢 你!
　Xièxie nǐ!

B _____ 。

2 Replace the underlined parts according to your real situation.

A 你 住 在 哪儿?
　Nǐ zhù zài nǎr?

B 我 住 在 阳光 小区。
　Wǒ zhù zài Yángguāng Xiǎoqū.

A 你们 学校／公司 在 哪儿?
　Nǐmen xuéxiào ／ gōngsī zài nǎr?

B 在 东城 路。
　Zài Dōngchéng Lù.

A 你 家 离 学校／公司 远 吗?
　Nǐ jiā lí xuéxiào ／ gōngsī yuǎn ma?

B 不 太 远。
　Bú tài yuǎn.

V. Chinese Characters

The number of strokes of Chinese characters

The number of strokes of each Chinese character is fixed, performing the function of distinguishing the shape of a character. If you write more or less strokes, you may have the character wrongly written. For example,

人（2 strokes）—— 大（3 strokes）

大（3 strokes）—— 太（4 strokes）

大（3 strokes）—— 夫（4 strokes）

口（3 strokes）—— 中（4 strokes）

王（4 strokes）—— 玉（5 strokes）

Basic components of Chinese characters

宀 The radical 宀 (bǎogàitóu) is originally developed from the image of a house. It appears on the top of characters with a top-bottom structure. The original meanings of the characters with 宀 as their radical are generally related to "house". For example, 家 (jiā), 宿 (sù), 客 (kè), 宴 (yàn) and 室 (shì).

辶 The original meanings of the characters with 辶 (zǒuzhīpáng) as their radical are generally related to "walking". For example, 远 (yuǎn), 近 (jìn), 道 (dào), 遍 (biàn), 过 (guò), 进 (jìn) and 送 (sòng).

1 **Figure out the number of strokes of Chinese characters in each group.**

❶ 人（＿＿＿＿＿ strokes）
　大（＿＿＿＿＿ strokes）
❷ 大（＿＿＿＿＿ strokes）
　太（＿＿＿＿＿ strokes）
❸ 大（＿＿＿＿＿ strokes）
　天（＿＿＿＿＿ strokes）
❹ 儿（＿＿＿＿＿ strokes）

几（＿＿＿＿＿＿ strokes）
⑤ 工（＿＿＿＿＿＿ strokes）
士（＿＿＿＿＿＿ strokes）

2 **Compose the following radicals into Chinese characters and make words with them.**

❶ 宀＋豕 　　　宀＋各

宀＋亻＋百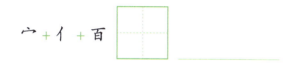

❷ 辶＋力 　　　辶＋不

辶＋元 　　　辶＋首

辶＋扁

3 **Practice writing the Chinese characters.**

zhù　ノ　亻　亻　仁　住　住

yǒu　一　ナ　オ　有　有　有
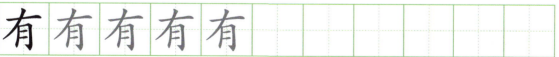

bǐ　一　ト　比　比
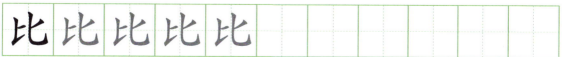

qù 一 十 土 去 去

去 去 去 去 去

hào 口 口 号

号 号 号 号 号

fáng 、 、 ラ 户 户 户 房 房

房 房 房 房 房

jiān 、 门 门 门 问 问 间 间

间 间 间 间 间

diàn 丨 冂 冂 日 电

电 电 电 电 电

huà 、 讠 订 订 订 许 话 话

话 话 话 话 话

jiàn 丨 冂 冂 见 见

见 见 见 见 见

lǐ 丨 冂 冂 日 里 里 里

里 里 里 里 里

huì 丿 人 人 会 会 会

会 会 会 会 会

fàn ノ ╱ ⺈ ⺈ 饣 饣 饭 饭
饭 饭 饭 饭 饭

diàn ` ⺀ 广 广 庀 店 店 店
店 店 店 店 店

biān フ 力 力 边 边
边 边 边 边 边

yī 一 ㄱ 匸 匚 至 医 医
医 医 医 医 医

yuàn ⻖ ⻖ ⻖ ⻖ ⻖ 阼 院 院 院
院 院 院 院 院

lù ` ⺀ ⼞ ⼞ ⻊ ⻊ 趵 趵 跻 路 路 路 路
路 路 路 路 路

yuǎn 一 二 テ 元 元 沅 远
远 远 远 远 远

zhī ノ ╱ ⺅ 乍 矢 知 知 知
知 知 知 知 知

dào 丷 丷 丷 产 产 产 首 首 首 道 道
道 道 道 道 道

dōng 一 ナ 东 东 东

东 东 东 东 东

bié 丶 口 口 号 另 別 别

别 别 别 别 别

kè 丶 宀 宀 宀 宀 安 客 客

客 客 客 客 客

qì 丿 ⺈ 乞 气

气 气 气 气 气

Wǒ xǐhuan dà jiātíng.

我 喜 欢 大 家 庭。

I like an extended family.

 ## I. Pronunciation

- Initials: z, c
- Finals: iao, ian, ua, uai
- Combination of tones

1 Read the following *pinyin* aloud and pay attention to their different pronunciations.

❶ zài	—	cài	❷ zuì	—	cuì
❸ zhè	—	chè	❹ zhōng	—	chōng
❺ zāi	—	zhāi	❻ zhǎo	—	zǎo
❼ jiào	—	jiàn	❽ qiān	—	xiān
❾ wā	—	wāi	❿ huáng	—	hóng
⓫ zhuān	—	zhuāng	⓬ wèn	—	wèng

2 Read the following *pinyin* aloud and pay attention to their different tones.

❶ zhī	zhí	zhǐ	zhì
❷ wāng	wáng	wǎng	wàng
❸ dōng	yáng	zhǎo	gòng
❹ fā	huáng	chǎo	cài

3 Read the following words aloud.

父母	哥哥	嫂子	兄弟	姐姐	妹妹
fùmǔ	gēge	sǎozi	xiōngdì	jiějie	mèimei

家庭	孩子	一共	还有	一起	前面
jiātíng	háizi	yígòng	hái yǒu	yìqǐ	qiánmiàn

II. Words and Expressions

1 Circle the odd word out in each group.

1
姐姐	妹妹	哥哥	非常
jiějie	mèimei	gēge	fēicháng

2
口	一共	一起	常常
kǒu	yígòng	yìqǐ	chángcháng

3
家庭	家人	父母	和
jiātíng	jiārén	fùmǔ	hé

4
送	想	都	去
sòng	xiǎng	dōu	qù

5
律师	银行	医生	职员
lùshī	yínháng	yīshēng	zhíyuán

2 Fill in the blanks with the correct words.

金 太成 是 韩国人。他 _____**1**_____ 有 爷爷、奶奶、爸爸、妈妈、哥哥、
Jīn Tàichéng shì Hánguó rén. Tā   yǒu yéye, nǎinai, bàba, māma, gēge,

嫂子、_____**2**_____ 哥哥嫂子的孩子，_____**3**_____ 10 _____**4**_____ 人。他们 都 住 在
sǎozi,   gēge sǎozi de háizi,   shí   rén. Tāmen dōu zhù zài

_____**5**_____。真 是 个 大 _____**6**_____。
            Zhēn shì gè dà

现在 金 太成 在 北京 学习，他 很 _____**7**_____ 家。
Xiànzài Jīn Tàichéng zài Běijīng xuéxí, tā hěn   jiā.

1
A 家	B 家人	C 家庭
jiā	jiārén	jiātíng

2
A 还	B 还有	C 还是
hái	hái yǒu	háishi

3
A 都	B 一起	C 一共
dōu	yìqǐ	yígòng

④ A 名　　B 口　　C 家
　 míng　　　kǒu　　　jiā

⑤ A 都　　B 一共　　C 一起
　 dōu　　　yígòng　　yìqǐ

⑥ A 家　　B 家人　　C 家庭
　 jiā　　　jiārén　　jiātíng

⑦ A 想　　B 要　　C 希望
　 xiǎng　　yào　　xīwàng

3 Fill in the blanks with the correct words.

只　　忙　　和　　送　　都
zhǐ　　máng　　hé　　sòng　　dōu

❶ 他 不 是 经理，可是 他 每天 都 很 _____。
Tā bú shì jīnglǐ, kěshì tā měi tiān dōu hěn

❷ 你 住 在 哪儿？我 _____ 你 好 吗？
Nǐ zhù zài nǎr? Wǒ nǐ hǎo ma?

❸ 张 芳芳 _____ 张 圆圆 是 双胞胎。
Zhāng Fāngfāng Zhāng Yuányuan shì shuāngbāotāi.

❹ 我 没有 兄弟 姐妹。我 家 _____ 有 我 一 个 孩子。
Wǒ méiyǒu xiōngdì jiěmèi. Wǒ jiā yǒu wǒ yí gè háizi.

❺ 你 家 _____ 有 什么 人？
Nǐ jiā yǒu shénme rén?

III. Grammar

1 Rearrange the given words to make a sentence.

❶ 喜欢　住　人　我　一　个
　 xǐhuan　zhù　rén　wǒ　yí　gè

❷ 只有　词典　麦克　本　一
　 zhǐ yǒu　cídiǎn　Màikè　běn　yì

❸ 公司   有   名   职员   韩国   三   他们
  gōngsī   yǒu   míng   zhíyuán   Hánguó   sān   tāmen

_____

❹ 80   外婆   玛丽   了   岁   的
  bāshí   wàipó   Mǎlì   le   suì   de

_____

❺ 去   李明   一起   妈妈   上海   和
  qù   Lǐ Míng   yìqǐ   māma   Shànghǎi   hé

_____

2 Complete the following dialogues.

❶ A _____?

  B 我家有三口人。
     Wǒ jiā yǒu sān kǒu rén.

❷ A 你妹妹今年多大了?
     Nǐ mèimei jīnnián duō dà le?

  B _____。

❸ A 麦克有兄弟姐妹吗?
     Màikè yǒu xiōngdì jiěmèi ma?

  B 没有。他家 _____。
     Méiyǒu. Tā jiā

❹ A 你希望和父母一起住吗?
     Nǐ xīwàng hé fùmǔ yìqǐ zhù ma?

  B _____。

❺ A 你一个人去上海吗?
     Nǐ yí gè rén qù Shànghǎi ma?

  B 不，我和 _____。
     Bù, wǒ hé

IV. Communication Skills

1 Fill in the blanks according to the picture.

我　家＿＿＿＿＿＿＿＿＿：＿＿＿＿＿＿、＿＿＿＿＿、＿＿＿＿＿和
Wǒ　jiā　　　　　　　　　　　　　　　　　　　　　　　　　　　　　　　hé

＿＿＿＿＿。爸爸＿＿＿＿＿＿＿。妈妈＿＿＿＿＿。哥哥
　　　　　　Bàba　　　　　　　　Māma　　　　　Gēge

＿＿＿＿＿。我现在是 大学生，我希望＿＿＿＿＿＿＿。
　　　　　Wǒ xiànzài shì dàxuéshēng. wǒ xīwàng

2 Complete the following dialogues.

❶ A 你家有几口人?
　　Nǐ jiā yǒu jǐ kǒu rén?

　　B ＿＿＿＿＿＿＿＿＿＿＿＿，爸爸、妈妈、姐姐和我。
　　　　　　　　　　　　　　 bàba. māma. jiějie hé wǒ.

　　A 你还有个姐姐。＿＿＿＿＿＿＿＿＿?
　　　Nǐ hái yǒu gè jiějie.

　　B 她今年 28 岁。这就是我姐姐。
　　　Tā jīnnián èrshíbā suì. Zhè jiù shì wǒ jiějie.

　　A 你姐姐 真＿＿＿＿＿＿＿! 她在＿＿＿＿＿＿＿?
　　　Nǐ jiějie zhēn　　　　　　　Tā zài

　　B 她在 学校 工作。
　　　Tā zài xuéxiào gōngzuò.

　　A 你希望＿＿＿＿＿＿＿?
　　　Nǐ xīwàng

B 我 想 当 律师，可是我妈妈希望我去银行 工作。
Wǒ xiǎng dāng lùshī， kěshì wǒ māma xīwàng wǒ qù yínháng gōngzuò.

2 A 你家 _____?
Nǐ jiā

B 爸爸、妈妈和我。
Bàba， māma hé wǒ.

A 你没有 兄弟 姐妹 吗?
Nǐ méiyǒu xiōngdì jiěmèi ma?

B 对，我家 _____。
Duì， wǒ jiā

A 你一个人 住吗?
Nǐ yí gè rén zhù ma?

B 不，_____。
Bù

A _____?

B 我们 住在 阳光 小区。看，那就是 阳光 小区。
Wǒmen zhù zài Yángguāng Xiǎoqū. Kàn， nà jiù shì Yángguāng Xiǎoqū.

A 啊，_____!
À

V. Chinese Characters

Basic structure patterns of Chinese characters (1)

Structure pattern	Graphic illustration	Examples
Left-right structure		他 们 都 很 忙
Top-bottom structure		声 音 爷 舍 家

Basic components of Chinese characters

钅 The radical 钅 (jīnzìpáng) evolves from the character 金 and appears on the left side of the characters with a left-right structure. The original meanings of the characters with 钅 as their radical are generally related to "metal". For example, 银 (yín), 钱 (qián) and 铁 (tiě).

月 The radical 月 (yuèzìpáng) appears on the left side of the characters with a left-right structure. The original meanings of the characters with 月 as their radical are generally related to "body". For example, 胖 (pàng), 胞 (bāo), 胎 (tāi) and 脸 (liǎn).

1 Determine the structure patterns of the following Chinese characters.

A Left-right structure   B Top-bottom structure

那 (　　)　语 (　　)　息 (　　)　休 (　　)　怎 (　　)
家 (　　)　听 (　　)　字 (　　)　男 (　　)　时 (　　)
汉 (　　)　要 (　　)　期 (　　)　星 (　　)　胖 (　　)

2 Compose the following radicals into Chinese characters and make words with them.

❶ 钅 + 昔　[　　]　＿＿＿＿＿　　　钅 + 艮　[　　]　＿＿＿＿＿

❷ 月 + 半　[　　]　＿＿＿＿＿　　　月 + 包　[　　]　＿＿＿＿＿

月 + 台　[　　]　＿＿＿＿＿　　　月 + 金　[　　]　＿＿＿＿＿

3 Practice writing the Chinese characters.

hé　　ノ 二 千 千 禾 禾 和 和
和 和 和 和 和

cháng　　丶 丷 丷 ⺌ 严 兴 兴 常 常 常 常
常 常 常 常 常

máng ` ⺀ ⺁ 忙 忙 忙

忙 忙 忙 忙 忙

yín ノ ⺈ ⻐ ⻐ 钅 钉 钊 钌 钌 银 银

银 银 银 银 银

háng ノ ⺁ ⺻ 彳 彳 行

行 行 行 行 行

yī 一 ⺁ ⺏ ⻐ 医 医 医

医 医 医 医 医

shēng ノ ⺅ ⺍ 生 生

生 生 生 生 生

xiōng ` ⺁ 口 尸 兄

兄 兄 兄 兄 兄

dì ` ⺀ ⺍ ⺌ 兰 弟 弟

弟 弟 弟 弟 弟

zhǐ ` 口 口 尸 只

只 只 只 只 只

hái ⺜ 了 子 子 孑 孩 孩 孩 孩

孩 孩 孩 孩 孩

ne 丨 丨' 丨'' 口 口' 口'' 叩 叩 呢

呢 呢 呢 呢 呢

shuāng 刀 又 双 双

双 双 双 双 双

sòng ` `' `'' 兰 关 关 关 送 送

送 送 送 送 送

fù ` `' 八 父

父 父 父 父 父

mǔ 乚 口 口 母 母

母 母 母 母 母

dōu 一 十 土 耂 尹 者 者 者 都 都

都 都 都 都 都

gòng 一 十 卅 共 共 共

共 共 共 共 共

UNIT 9

Wǒ zuìjìn hěn máng.

我 最 近 很 忙。

I've been very busy recently.

I. Pronunciation

- Initials: zh, ch
- Finals: uan, uang, uen, ueng
- Combination of tones

1 Read the following *pinyin* aloud and pay attention to their different pronunciations.

❶ zuān — zhuān   ❷ zhèng — zèng

❸ céng — chéng   ❹ cuān — chuān

❺ sì — shì   ❻ sān — shān

❼ wán — wáng   ❽ wēn — wēng

❾ yuān — yūn   ❿ wàn — wàng

⓫ wàn — yuàn   ⓬ wèn — yùn

2 Read the following *pinyin* aloud and pay attention to their different tones.

❶ yīng   yíng   yǐng   yìng

❷ yuān   yuán   yuǎn   yuàn

❸ huā   hóng   liǔ   lù

❹ bīng   qiáng   mǎ   zhuàng

3 Read the following words aloud.

劳驾	姑娘	愿意	以后	晚饭	开始	训练	先生
láojià	gūniang	yuànyì	yǐhòu	wǎnfàn	kāishǐ	xùnliàn	xiānsheng

最近	起床	睡觉	上班	下班	加班	一定	当然
zuìjìn	qǐchuáng	shuìjiào	shàngbān	xiàbān	jiābān	yídìng	dāngrán

II. Words and Expressions

1 **Circle the odd word out in each group.**

①

晚饭	上班	下班	加班
wǎnfàn	shàngbān	xiàbān	jiābān

②

新	开始	重要	漂亮
xīn	kāishǐ	zhòngyào	piàoliang

③

开始	以后	起床	睡觉
kāishǐ	yǐhòu	qǐchuáng	shuìjiào

④

点	分	号	差
diǎn	fēn	hào	chà

⑤

最近	愿意	要	能
zuìjìn	yuànyì	yào	néng

2 **Fill in the blanks with the correct expressions.**

有空儿	有时候	不一定	以后	最近
yǒu kòngr	yǒushíhou	bù yídìng	yǐhòu	zuìjìn

① _____ 金 太成 非常 忙, 常常 加班。
Jīn Tàichéng fēicháng máng, chángcháng jiābān.

② 明天 我 _____ 去。
Míngtiān wǒ qù.

③ 菲雅 每 天 晚上 12 点 _____ 睡觉。
Fēiyǎ měi tiān wǎnshang shí'èr diǎn shuìjiào.

④ 这个 星期六 上午 你 _____ 吗?
Zhège Xīngqīliù shàngwǔ nǐ ma?

⑤ 李 冬生 早上 _____ 7 点 起床, 有时候 8 点 起床。
Lǐ Dōngshēng zǎoshang qī diǎn qǐchuáng, yǒushíhou bā diǎn qǐchuáng.

⑥ _____，现在 几点？
xiànzài jǐ diǎn?

⑦ 我们 下午 5 点 半 _____ 训练。
Wǒmen xiàwǔ wǔ diǎn bàn   xùnliàn.

⑧ 你 _____ 当 我 的 健身 教练 吗？
Nǐ   dāng wǒ de jiànshēn jiàoliàn ma?

⑨ 经理 要 我 星期六 去 _____ 。
Jīnglǐ yào wǒ Xīngqīliù qù

⑩ 她 常常 下午 6 点 _____ 。
Tā chángcháng xiàwǔ liù diǎn

下班	愿意
xiàbān	yuànyì
劳驾	加班
láojià	jiābān
开始	
kāishǐ	

III. Grammar

1 **Put the given expressions in the correct places to complete sentences.**

① 星期六 没有 课， ☐A 我 可以 ☐B 9 点 ☐C 起床。（以后）
Xīngqīliù méiyǒu kè   wǒ kěyǐ   jiǔ diǎn   qǐchuáng. yǐhòu

② _____ ☐A 明天 我们 _____ ☐B 开始 训练 _____ ☐C 。（8 点 半）
Míngtiān wǒmen   kāishǐ xùnliàn   bā diǎn bàn

③ _____ ☐A 我 有时候 ☐B 去 图书馆 ☐C 。（下午 3 点）
Wǒ yǒushíhou   qù túshūguǎn   xiàwǔ sān diǎn

④ _____ ☐A 你 ☐B 每天 ☐C 吃 晚饭？（几点）
Nǐ   měi tiān   chī wǎnfàn? jǐ diǎn

⑤ 9 点 可以， _____ ☐A 10 点 ☐B 我 ☐C 没有 时间。（以后）
Jiǔ diǎn kěyǐ   shí diǎn   wǒ   méiyǒu shíjiān. yǐhòu

2 **Complete the following dialogues, using 几点 or 什么时候 based on the timetable.**

①

A _____ ？

B _____ 。

早上 6:50 ｜ 起床

上午 8:00 ｜ 上课

下午 5:30 ｜ 吃晚饭

晚上 7:00 ｜ 去健身

晚上 11:00 ｜ 睡觉

②

A _____ ?

B _____ 。

③

A _____ ?

B _____ 。

④

A _____ ?

B _____ 。

⑤

A _____ ?

B _____ 。

3 Complete the following dialogues.

❶ A 劳驾，_____ ?
Láojià

B 现在 7 点 50 分。
Xiànzài qī diǎn wǔshí fēn.

❷ A _____ ?

B 我下午 3 点 以后 有 空儿。
Wǒ xiàwǔ sān diǎn yǐhòu yǒu kòngr.

❸ A 你明天 下午6点 来 好 吗?
Nǐ míngtiān xiàwǔ liù diǎn lái hǎo ma?

B _____ 。

❹ A _____ ?

B 我 每 天 晚上 7点 吃 晚饭。
Wǒ měi tiān wǎnshang qī diǎn chī wǎnfàn.

❺ A 这个 星期六 晚上 你 有 空儿 吗?
Zhège Xīngqīliù wǎnshang nǐ yǒu kòngr ma?

B _____ 。

IV. Communication Skills

1 Match the pictures on the left with the corresponding sentences on the right.

1 •

• A 对不起，我星期五
Duìbuqǐ,　　wǒ Xīngqīwǔ

晚上 要加班。
wǎnshang yào jiābān.

2 •

• B 劳驾，几点了?
Láojià,　 jǐ diǎn le?

3 •

• C 请问，赵玉兰住在
Qǐngwèn, Zhào Yùlán zhù zài

这儿吗?
zhèr ma?

4 •

• D 劳驾，24 号楼在
Láojià,　 èrshísì hào lóu zài

哪儿?
nǎr?

5 •

• E 请问，您是哪国人?
Qǐngwèn, nín shì nǎ guó rén?

2 **Complete the following dialogues.**

❶ A _____ ?

B 哦，现在 7 点 半。
Ò， xiànzài qī diǎn bàn.

A _____ ?

B 我 早上 6 点 起床。
Wǒ zǎoshang liù diǎn qǐchuáng.

A _____ ?

B 我 每天 7 点 去 图书馆。
Wǒ měi tiān qī diǎn qù túshūguǎn.

A _____ ?

B 对，我 最近 非常 忙。
Duì， wǒ zuìjìn fēicháng máng.

❷ A 请问，_____ ?
Qǐngwèn

B 差 10 分 8 点 了。
Chà shí fēn bā diǎn le.

A _____ ?

B 我 早上 6 点 半 起床。
Wǒ zǎoshang liù diǎn bàn qǐchuáng.

A _____ ?

B 9 点 上班。
Jiǔ diǎn shàngbān.

A _____ ?

B 不 一定，有时候 5 点 下班，有时候 6 点 下班。
Bù yídìng， yǒushíhou wǔ diǎn xiàbān， yǒushíhou liù diǎn xiàbān.

V. Chinese Characters

Basic component of Chinese characters

目　The radical 目 (mùzìpáng) is originally developed from the image of an eye. The original meanings of the characters with 目 as their radical are generally related to "eye" or "looking". For example, 看 (kàn), 眼 (yǎn), 睛 (jīng) and 睡 (shuì).

1　**Compose the following radicals into Chinese characters and make words with them.**

❶ 手 + 目 ⬜ _____　　目 + 垂 ⬜ _____

❷ 女 + 也 ⬜ _____　　女 + 马 ⬜ _____

女 + 生 ⬜ _____　　女 + 乃 ⬜ _____

女 + 且 ⬜ _____　　女 + 未 ⬜ _____

女 + 古 ⬜ _____　　女 + 良 ⬜ _____

2　**Mark the following homophones with *pinyin* and make words with them.**

(　) 是 _____　　(　) 在 _____
(　) 事 _____　　(　) 再 _____

(　) 名 _____　　(　) 见 _____
(　) 明 _____　　(　) 健 _____

(　) 电 _____　　(　) 叫 _____
(　) 店 _____　　(　) 教 _____

(　) 有 _____　　(　) 记 _____
(　) 友 _____　　(　) 纪 _____

3 **Practice writing the Chinese characters.**

diǎn 丨 ⼘ ⼘ ⼘ 占 点 点 点 点

点 点 点 点 点

bàn ⼂ ⼂ ⼆ 半 半

半 半 半 半 半

fēn ⼃ 八 分 分

分 分 分 分 分

chà ⼂ ⼂ ⼆ 芏 芏 芏 差 差 差

差 差 差 差 差

yuàn ⼀ 厂 厂 厂 厈 厡 厡 原 原 原 原 愿 愿

愿 愿 愿 愿 愿

yì ⼂ ⼆ ⼆ 立 立 产 音 音 音 意 意 意

意 意 意 意 意

néng ⼂ ⼂ ⼂ 台 台 台 育 能 能 能

能 能 能 能 能

dào ⼀ ⼯ ⼯ 互 至 至 到 到

到 到 到 到 到

chī　丶 丨 冂 口 吖 吃

吃 吃 吃 吃 吃

kāi　一 二 千 开

开 开 开 开 开

shǐ　㇛ ㇛ 女 女 女 始 始 始

始 始 始 始 始

xiān　丿 ㇒ 牛 生 先 先

先 先 先 先 先

chuáng　丶 ㇒ 广 广 庐 床 床

床 床 床 床 床

hòu　一 厂 厂 斤 后 后

后 后 后 后 后

zǒng　丶 丷 丷 丷 总 总 总 总 总

总 总 总 总 总

dìng　丶 丷 宀 宀 宁 宇 定 定

定 定 定 定 定

wǔ　一 丁 五 五

五 五 五 五 五

kòng 、丶宀宁空空空

空 空 空 空 空

UNIT 10

Wǒ lái jièshào yíxià.
我来介绍一下。
Let me introduce.

I. Pronunciation

- Initials: r—l—n, shi—si—xi
- Finals: ui, üe, er, üan, ün
- Combination of tones

1 Read the following *pinyin* aloud and pay attention to their different pronunciations.

1. rè — lè — nè
2. róng — lóng — nóng
3. shī — sī — xī
4. yè — yuè — wèi
5. yú — yún — yuán

2 Read the following *pinyin* aloud and pay attention to their different tones.

1. rēng rú rǔ rè
2. (ēr) ér ěr èr
3. shēn móu yuǎn lǜ
4. shān qióng shuǐ jìn

3 Read the following words aloud.

女儿	没有	时间	欢迎
nǚ'ér	méiyǒu	shíjiān	huānyíng

II. Words and Expressions

1 **Circle the odd word out in each group.**

1 爸爸　　妈妈　　女儿　　学生
bàba　　māma　　nǚ'ér　　xuéshēng

2 学　　次　　教　　打
xué　　cì　　jiāo　　dǎ

3 欢迎　　介绍　　时间　　健身
huānyíng　　jièshào　　shíjiān　　jiànshēn

4 印尼　　法语　　汉语　　日语
Yìnní　　Fǎyǔ　　Hànyǔ　　Rìyǔ

5 下午　　晚上　　欢迎　　星期三
xiàwǔ　　wǎnshang　　huānyíng　　Xīngqīsān

2 **Fill in the blanks with the given words.**

欢迎　　没有　　教　　学　　打
huānyíng　　méiyǒu　　jiāo　　xué　　dǎ

1 对不起，星期三 我 ＿＿＿＿＿＿ 时间。
Duìbuqǐ,　Xīngqīsān wǒ　　　　　shíjiān.

2 我 不 想 ＿＿＿＿＿＿ 法语。
Wǒ bù xiǎng　　　　　Fǎyǔ.

3 ＿＿＿＿＿＿ 你们来我家。
　　　　　nǐmen lái wǒ jiā.

4 你什么 时候给我 ＿＿＿＿＿＿ 电话?
Nǐ shénme shíhou gěi wǒ　　　　　diànhuà?

5 我 想 学习京剧，你 ＿＿＿＿＿＿ 我，好 吗?
Wǒ xiǎng xuéxí jīngjù,　nǐ　　　　　wǒ, hǎo ma?

III. Grammar

1 Complete the following sentences according to the pictures.

❶ 他 (B) _____ 高!
Tā _____ gāo!

❷ 他 _____ 加班。
Tā _____ jiābān.

❸ 我 _____ 你的
Wǒ _____ nǐ de

画儿，可以吗?
huàr, kěyǐ ma?

❹ 我来 _____ ，
Wǒ lái _____ ,

这是我姐姐。
zhè shì wǒ jiějie.

❺ 我在 _____ 等 你。
Wǒ zài _____ děng nǐ.

2 Put the given words in the correct places to complete sentences.

❶ 我 __A__ 阳光 小区 __B__ 住 __C__ 。（在）
Wǒ Yángguāng Xiǎoqū zhù zài

❷ 王　杨　　[A]　也　[B]　那家公司　[C]　工作。（在）
Wáng Yáng　　　　yě　　　nà jiā gōngsī　　　gōngzuò.　zài

❸ 　[A]　菲雅　[B]　星期五　[C]　没有课。（下午）
　　Fēiyǎ　　Xīngqīwǔ　　méiyǒu kè.　xiàwǔ

❹ 　[A]　我们　[B]　每天上午　[C]　有课。（都）
　　Wǒmen　　měi tiān shàngwǔ　　yǒu kè.　dōu

❺ 我　[A]　来　[B]　介绍　[C]　，这是我的法语老师。（一下）
Wǒ　　lái　　jièshào　　zhè shì wǒ de Fǎyǔ lǎoshī.　yíxià

3 **Complete the following dialogues.**

❶ A 我来＿＿＿＿＿＿＿＿＿＿，这是菲雅，我的学生。
Wǒ lái　　　　　　　　　zhè shì Fēiyǎ,　wǒ de xuésheng.

　B 菲雅，你好！
Fēiyǎ,　nǐ hǎo!

❷ A 你在学校住吗？
Nǐ zài xuéxiào zhù ma?

　B 对，我＿＿＿＿＿＿＿＿＿＿。
Duì,　wǒ

❸ A 下次你＿＿＿＿＿＿＿去健身？
Xià cì nǐ　　　　　　qù jiànshēn?

　B 明天下午两点。
Míngtiān xiàwǔ liǎng diǎn.

❹ A ＿＿＿＿＿＿＿＿＿＿＿＿？

　B 金太成在一家韩国公司工作。
Jīn Tàichéng zài yì jiā Hánguó gōngsī gōngzuò.

❺ A 您在大学＿＿＿＿＿＿＿＿＿？
Nín zài dàxué

　B 我在大学教英语。
Wǒ zài dàxué jiāo Yīngyǔ.

　A 哦，您是英语老师，＿＿＿＿＿＿＿，好吗？
Ò,　nín shì Yīngyǔ lǎoshī　　　　　　　hǎo ma?

　B 好啊，我教你。
Hǎo a,　wǒ jiāo nǐ.

IV. Communication Skills

1 **Complete the following dialogues.**

① A _____ ?

B 我 星期三 有 时间。
Wǒ Xīngqīsān yǒu shíjiān.

② A 你 明天 上午 还是 下午 有 空儿?
Nǐ míngtiān shàngwǔ háishi xiàwǔ yǒu kòngr?

B _____ 。

③ A _____ , 这是 玛丽，英国 人。这是 山口 和子，
zhè shì Mǎlì, Yīngguó rén. Zhè shì Shānkǒu Hézǐ,

日本 人。
Rìběn rén.

B 你们 好! 我 叫 王 杨。_____ 。
Nǐmen hǎo! Wǒ jiào Wáng Yáng.

④ A 你 什么 时候 去 王 杨 家?
Nǐ shénme shíhou qù Wáng Yáng jiā?

B _____ 。

⑤ A _____ ?

B 她 星期六 去 学 京剧。
Tā Xīngqīliù qù xué jīngjù.

2 **Complete the following dialogues.**

① A 菲雅，你 今天 下午 有 课 吗?
Fēiyǎ, nǐ jīntiān xiàwǔ yǒu kè ma?

B 我 _____ 。
Wǒ

A 那 你 星期六 下午 有 时间 吗?
Nà nǐ Xīngqīliù xiàwǔ yǒu shíjiān ma?

B _____ 。你 有 什么 事?
Nǐ yǒu shénme shì?

A　我 想 和 你 一起 去 健身。
　　Wǒ xiǎng hé nǐ　yìqǐ　qù jiànshēn.

B　哦，那 _____ 吧。
　　Ò,　nà　　　　　　　　　　　　　　ba.

A　好，星期六 下午 见。
　　Hǎo, Xīngqīliù　xiàwǔ jiàn.

❷ A　_____，这是我 朋友 菲雅。
　　　　　　　　　　　　　　zhè shì wǒ péngyou Fēiyǎ.

　　这是 我 的 京剧 老师 —— 赵 玉兰 老师。
　　Zhè shì wǒ de　jīngjù　lǎoshī　　　Zhào Yùlán lǎoshī.

B　赵 老师，您 好! 我 也 很 喜欢 看 京剧。
　　Zhào lǎoshī,　nín hǎo!　Wǒ yě hěn xǐhuan kàn jīngjù.

C　你好! 我 请 你们 看 京剧 吧。_____?
　　Nǐ hǎo!　Wǒ qǐng nǐmen kàn jīngjù ba.

A　太 _____! 我们 每 天 晚上 都 有 时间。
　　Tài　　　　　　　　　　　　Wǒmen měi tiān wǎnshang dōu yǒu shíjiān.

C　_____?

B　我 住 在 学校 的 宿舍。
　　Wǒ zhù zài xuéxiào de　sùshè.

A　那 我 _____ 去 接 你们 吧。
　　Nà wǒ　　　　　　　　　　　qù jiē nǐmen ba.

B　_____。

V. Chinese Characters

Basic component of Chinese characters

月　When the radical 月 (yuèzìpáng) appears on the right side of the characters with a left-right structure, their meanings are generally related to "moon" or brightness. For example, 明 (míng) and 期 (qī).

1 Compose the following radicals into Chinese characters and make words with them.

日 + 月 ☐ _____   其 + 月 ☐

月 + 月 ☐ _____   月 + 生 ☐

2 Find out the differences between the two Chinese characters in each pair.

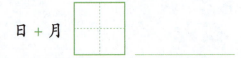

① 大 —— 太   大 —— 夫   休 —— 体

② 儿 —— 几   贝 —— 见   只 —— 兄

③ 刀 —— 力   石 —— 右   午 —— 牛

3 Practice writing the Chinese characters.

yíng ´ ㇒ ㇆ ㇆ ㇆ 迎 迎

迎 迎 迎 迎 迎

cì ㇔ ㇒ ㇒ ㇏ ㇏ 次

次 次 次 次 次

sān 一 二 三

三 三 三 三 三

kè ㇔ ㇀ 讠 训 训 误 误 课 课

课 课 课 课 课

dǎ　一 十 扌 扩 打

打 打 打 打 打

参考答案
Keys to the Exercises

Unit 1

I. Pronunciation

1 略

2 略

3 略

II. Words and Expressions

1 ❶—D ❷—C ❸—A

❹—E ❺—B

2 ❶你们 ❷是 ❸谁

❹老师 ❺金太成

3 ❶谁 ❷好 ❸老师

❹是 ❺你们

III. Grammar

1 ❶你 ❷他 ❸您

❹谁 ❺是

2 ❶谁 ❷他 ❸是

❹是；他 ❺她是谁

IV. Communication Skills

1 ❶—B ❷—E ❸—D

❹—A ❺—C

2 略

V. Chinese Characters

1 略

2 王；马 十；兄 木；子

3 略

Unit 2

I. Pronunciation

1 略

2 略

3 略

II. Words and Expressions

1 ❶什么 ❷也 ❸介绍

❹很 ❺你们

2 ❶贵姓 ❷也 ❸认识

❹来 ❺很

❻介绍 ❼叫 ❽什么

❾高兴 ❿学生

III. Grammar

1 (The answers may vary.)

❶（×）请问，您贵姓？

❷（×）你叫什么名字？

❸（×）我认识李老师，她也认识李
老师。

❹（×）玛丽也是学生。

❺（×）他是老师吗？

2 (The answers may vary.)

❶老师吗 ❷姓什么

❸叫什么名字 ❹我也很高兴

❺姓张

IV. Communication Skills

1 ❶A ❷B ❸A

❹B ❺A

2 (The answers may vary.)

❶对不起；你是学生吗；

你叫什么名字；认识你很高兴

❷介绍一下；王杨；也是学生吗；

认识你很高兴；认识你我也很高兴

V. Chinese Characters

1 略

2 略

3 略

Unit 3

I. Pronunciation

1 略

2 略

3 略

II. Words and Expressions

1 ①护照　②从　③谢谢

　　④但　⑤北京

2 ①从　②哪　③吧

　　④再　⑤的

　　⑥说　⑦姓名　⑧给

　　⑨但　⑩地方

III. Grammar

1 ①他不是韩国人。

　　②她不姓张。

　　③他不是我的老师。

　　④张圆圆（很）不高兴。

　　⑤我不认识李老师。

2 ①你姓什么？

　　②你是哪国人？

　　③你从哪儿来？

　　④玛丽是英国什么地方人？

　　⑤他是老师吧？

3 (The answers may vary.)

　　①哪国人

　　②什么地方

　　③哪儿

　　④他是北京人／他不是北京人

　　⑤美国人／英国人……

IV. Communication Skills

1 ①—D　②—C　③—E

　　④—B　⑤—A

2 (The answers may vary.)

　　①你好；你从哪里来；你是哪国人；

　　　认识你我也很高兴；他不是学生

②再说一遍；我不是韩国人；日本人；

　你是日本什么地方人；你呢；

　我妈妈是上海人

V. Chinese Characters

1 略

2 略

3 略

Unit 4

I. Pronunciation

1 略

2 略

3 略

II. Words and Expressions

1 ①公司　②工作　③喜欢

　　④在　⑤大家

2 ①在　②画　③名

　　④做　⑤家

　　⑥工作　⑦每天　⑧哪儿

　　⑨喜欢　⑩现在

III. Grammar

1 ①A　②C　③B

　　④A　⑤C

2 (The answers may vary.)

　　①做什么工作

　　②在哪儿工作

　　③她在一家公司工作

　　④这是我的护照

　　⑤我每天下午来图书馆／我每天上午

　　　来图书馆／我星期五下午来图书馆

IV. Communication Skills

1 略

2 ①—E　②—D　③—A

　　④—B　⑤—C

3 (The answers may vary.)

在哪儿工作；是经理；

什么工作；我喜欢我的工作

V. Chinese Characters

1 略

2 略

3 略

Unit 5

I. Pronunciation

1 略

2 略

3 略

II. Words and Expressions

1 ❶大 ❷可以 ❸事

❹岁 ❺好听

2 ❶多 ❷几 ❸年纪

❹岁

❺猜 ❻事 ❼好听

❽可以 ❾真

III. Grammar

1 ❶A ❷B ❸B

❹B ❺A

2 (The answers may vary.)

❶李明今年几岁

❷你猜他多大

❸你爸爸今年多大年纪

❹可以

❺我看看

IV. Communication Skills

1 (The answers may vary.)

❶A 小朋友，你几岁

B 我四岁

❷A 你多大了

B 我25岁了

3 A 大妈，您今年多大年纪

B 我72岁了

4 A 你认识李老师吗

B 我不认识

5 A 我看看你的护照

B 给你

2 (The answers may vary.)

❶健身吗；今年多大；可以；

❷今年多大年纪；认识；看看；外婆

V. Chinese Characters

1 略

2 略

3 略

Unit 6

I. Pronunciation

1 略

2 略

3 略

II. Words and Expressions

1 ❶找 ❷经理 ❸不错

❹怎么样 ❺漂亮

2 ❶帅 ❷公斤 ❸漂亮

❹累 ❺米

❻怎么样 ❼左右 ❽这样

❾还是 ❿休息

III. Grammar

1 ❶你看不看京剧

❷他明天休息不休息

❸你累不累

❹她高兴不高兴

❺他的女朋友漂亮不漂亮

❻你的教练是男的还是女的

❼明天你休息还是学习

❽金太成是经理还是职员

⑨ 你喜欢北京还是上海

⑩ 你星期六上午来还是星期六下午来

2 (The answers may vary.)

① 他多高　② 你多重　③ 她很漂亮

④ 他太帅了　⑤ 他真高

IV. Communication Skills

1 ① D　② B　③ A

④ E　⑤ C

2 (The answers may vary.)

① 是；是；你多高；你体重多少公斤；

星期六上午来；星期六下午来

② 他不是学生；帅；帅；

他今年多大；想找这样的男朋友

V. Chinese Characters

1 略

2 略

3 略

Unit 7

I. Pronunciation

1 略

2 略

3 略

II. Words and Expressions

1 ① 饭店　② 号　③ 有

④ 住　⑤ 一会儿

2 ① 当　② 参加　③ 接

④ 住　⑤ 有

⑥ 饭店　⑦ 里　⑧ 离

⑨ 前边　⑩ 晚上

III. Grammar

1 ① B　② B　③ B

④ C　⑤ C

2 ① 在　② 离　③ 从

④ 在　⑤ 在

IV. Communication Skills

1 (The answers may vary.)

① 你住在哪里；

学生宿舍 3 号楼 302 号房间；

一会儿见；一会儿见

② 学生宿舍 3 号楼在哪里；

篮球场的南边；

这儿远吗；远；不客气

2 略

V. Chinese Characters

1 ① 2；3　② 3；4　③ 3；4

④ 2；2　⑤ 3；3

2 略

3 略

Unit 8

I. Pronunciation

1 略

2 略

3 略

II. Words and Expressions

1 ① 非常　② 口　③ 和

④ 都　⑤ 银行

2 ① A　② B　③ C

④ B　⑤ C　⑥ C

⑦ A

3 ① 忙　② 送　③ 和

④ 只　⑤ 都

III. Grammar

1 ① 我喜欢一个人住。

② 麦克只有一本词典。

③ 他们公司有三名韩国职员。

④ 玛丽的外婆80岁了。

⑤ 李明和妈妈一起去上海。／妈妈和

李明一起去上海。

2 (The answers may vary.)

❶ 你家有几口人

❷ 我妹妹今年 15 岁了

❸ 只有他一个孩子

❹ 是的，我希望和父母一起住／不，
我希望一个人住

❺ 朋友一起去

IV. Communication Skills

1 (The answers may vary.)

有四口人；爸爸；妈妈；哥哥；我；
是公司经理；是大学老师；是医生；
去银行工作

2 (The answers may vary.)

❶ 我家有四口人；她今年多大；漂亮；
哪儿工作；去哪儿工作

❷ 有哪些人；只有我一个孩子；我和
朋友一起住；你们住在哪儿；看
到了

V. Chinese Characters

1 A；A；B；A；B

B；A；B；B；A

A；B；A；B；A

2 略

3 略

Unit 9

I. Pronunciation

1 略

2 略

3 略

II. Words and Expressions

1 ❶晚饭 ❷开始 ❸以后

❹差 ❺最近

2 ❶最近 ❷不一定 ❸以后

❹有空儿 ❺有时候

❻劳驾 ❼开始 ❽愿意

❾加班 ❿下班

III. Grammar

1 ❶C ❷B ❸B

❹C ❺B

2 略

3 (The answers may vary.)

❶ 现在几点

❷ 你几点以后有空儿

❸ 好的

❹ 你每天晚上几点吃晚饭

❺ 我有空儿

IV. Communication Skills

1 ❶—D ❷—E ❸—A

❹—C ❺—B

2 (The answers may vary.)

❶ 请问，现在几点；你早上几点起床；
你每天几点去图书馆；你最近是不
是很忙

❷ 现在几点；你早上几点起床；
你每天几点上班；你每天几点下班

V. Chinese Characters

1 略

2 略

3 略

Unit 10

I. Pronunciation

1 略

2 略

3 略

II. Words and Expressions

1 ❶学生 ❷次 ❸时间

❹印尼 ❺欢迎

2 ❶没有 ❷学 ❸欢迎

④ 打　　　⑤ 教

III. Grammar

1 (The answers may vary.)

① 真　　　② 星期日上午

③ 看看　　④ 介绍一下

⑤ 长安饭店前面

2 ① A　　② B　　③ C

④ C　　⑤ C

3 (The answers may vary.)

① 介绍一下

② 在学校住

③ 什么时候

④ 金太成在哪儿工作

⑤ 教什么；您教教我

IV. Communication Skills

1 (The answers may vary.)

① 你什么时候有时间

② 我明天上午／下午有空儿

③ 我来介绍一下；认识你们很高兴

④ 我 8 点去

⑤ 玛丽什么时候去学京剧

2 (The answers may vary.)

① 今天下午有课；有时间；

　　我们一起去

② 我来介绍一下；

　　你们什么时候有时间；好了；

　　你住在哪里；今天晚上；晚上见

V. Chinese Characters

1 略

2 略

3 略